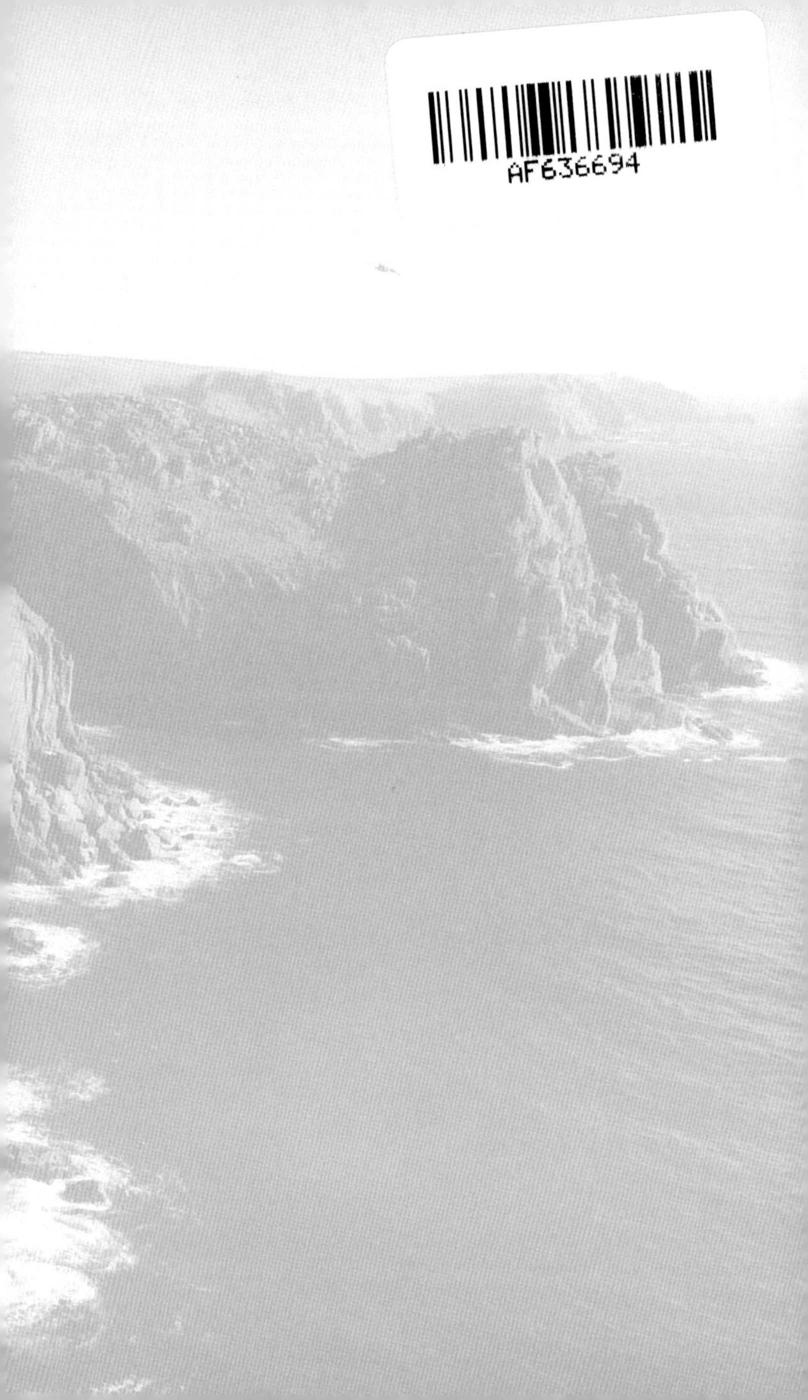

blue notes
112

Unter den Künstlerinnen, die Cornwall verfielen und es in den Mittelpunkt ihres Schaffens stellten, ragen vier Frauen heraus, die ihre Faszination besonders intensiv und aus sehr unterschiedlichen Blickwinkeln verarbeitet haben. Bei der Londoner Autorin Daphne du Maurier, die in jungen Jahren die Grafschaft bereiste, war es Liebe auf den ersten Blick, fortan sollte sie ihr Leben und Werk bestimmen. Eine ähnlich starke Verbundenheit empfand die nordenglische Bildhauerin Barbara Hepworth, die in Cornwall den idealen Inspirationsort für ihre Kunst fand. Virginia Woolf verbrachte als Kind die Sommerferien in St. Ives und kehrte oft an diesen prägenden Ort ihrer Kindheit zurück, der die heimliche Hauptrolle in dreien ihrer Romane spielt. Für die Komponistin Ethel Smyth war Cornwall zwar nur ein Intermezzo in ihrem bewegten Leben – jedoch eines, das die Musikwelt um eine bahnbrechend originelle Oper aus weiblicher Feder bereicherte. Alexandra Lavizzari lädt ein zu einer faszinierenden literarischen Reise und beleuchtet die vielfältigen Spuren, die die Liebe der vier Künstlerinnen zu Cornwall in ihren Werken hinterlassen hat.

Alexandra Lavizzari, geboren in Basel, studierte Ethnologie und Islamwissenschaft. Nach langjährigen Aufenthalten in Nepal, Pakistan, Thailand und Rom lebt sie seit 1999 in England. Sie schreibt für Schweizer Zeitungen und ist Autorin von zahlreichen belletristischen, kunstgeschichtlichen und literaturkritischen Werken. Für ihr Schaffen wurde sie mehrfach ausgezeichnet.

Alexandra Lavizzari

Frauen in Cornwall

Von Daphne du Maurier bis Virginia Woolf

ebersbach & simon

Inhalt

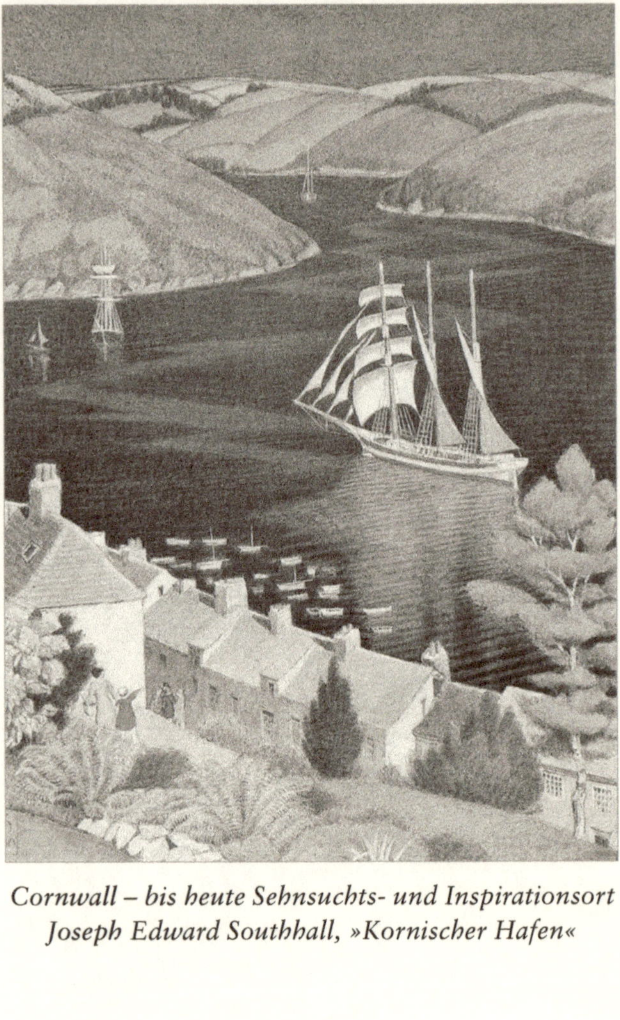

Cornwall – bis heute Sehnsuchts- und Inspirationsort
Joseph Edward Southhall, »Kornischer Hafen«

Vorwort

Wer Cornwall hört, denkt an wilde Klippen, blaues Meer, Buchten, Burgen, Gärten und schmucke Fischerdörfer; mit anderen Worten, an ein Urlaubsparadies. Tatsächlich haben die eineinhalb Millionen Touristen, die jährlich in die südenglische Grafschaft strömen, angesichts der dreihundert Bade- und Surfstrände die Qual der Wahl, nicht zu reden vom fast 500 Kilometer langen South West Coast Path, der Wanderlustigen die Möglichkeit gibt, ganz Cornwall – zumindest in gewählten Abschnitten – entlang seiner dramatischen Felsküsten zu umwandern.

Der Tourismus boomt in Cornwall, allein das Städtchen St. Ives mit seinen 10.000 Einwohnern empfängt jährlich eine über hundertfache Anzahl an Besuchern. So erfreulich dieser Erfolg auf den ersten Blick scheinen mag, bringt er für die einheimische Bevölkerung auch die üblichen Probleme des Massentourismus mit sich: Stau auf den ohnehin engen Straßen und Parkprobleme, vor allem aber die leidige Gentrifizierung ganzer am Meer gelegener Dörfer und Städtchen, die die Einheimischen wegen der unbezahlbaren Hauspreise immer weiter ins karge, schlecht vernetzte Inland vertreiben. Niedrige Löhne, geografische Isolation und ein kaum entwickeltes soziales Auffangnetz haben in den letzten Jahren den Abstieg vieler Einwohner in die Armut beschleunigt, und nun ist Cornwall, kaum zu glauben, die ärmste Grafschaft Großbritanniens und die zweitärmste Region Nordeuropas.

Diese dunkle Seite der Grafschaft bleibt Besuchern meist verborgen. Sie essen in eleganten Gourmet-Pubs, streifen durch gepflegte Gartenanlagen und denkmalgeschützte Herrenhäuser, besuchen Kunstgalerien und bewundern den Sonnenuntergang über romantischen Buchten; genau auf dieses Image elitärer Wohlfühlromantik setzt der lokale Tourismusverband, um Urlauber anzulocken, und er tut es effektiv. Als die G7-Staats- und Regierungschefs im Juni 2021 in der idyllischen Bucht von Carbis bei St. Ives tagten, meinte der amerikanische Präsident Joe Biden, dass Cornwall so wunderschön sei, dass er gar nicht nach Hause zurückkehren wolle. So wie Biden, der von seinem Hotel aus kaum mehr von Cornwall gesehen hat als den privaten Sandstrand mit klarem, türkisblauem Meer, geht es den meisten. Es braucht mehr als ein paar Wochen Erholungsurlaub, um hinter die Kulissen zu blicken, mehr als ein paar Rosamunde-Pilcher-Filme, um jenseits der sorgfältig konstruierten Idylle das wahre, arg ins soziale Ungleichgewicht gefallene Cornwall kennenzulernen.

Nichts gegen Rosamunde Pilcher – ihr allein verdankt Cornwall rund 3 % der gesamten jährlichen Besucherzahl, mehrheitlich deutsche Fans der seit 1993 ausgestrahlten Verfilmungen ihrer Romane, die während ihres maßgeschneiderten Urlaubs die eindrücklichsten Drehorte mit eigenen Augen sehen wollen. So sehr hat die 1924 in Lelant geborene Autorin auf diese Weise den Tourismus in ihrer eigenen Grafschaft angekurbelt, dass der britische Tourismusverband ihr im Jahr 2002 einen Preis verlieh. Mit ihren Büchern und deren Verfilmungen genießt sie in Deutschland noch posthum einen sensationellen Erfolg. In der eigenen Heimat gilt sie hingegen eher als zweitrangige Autorin, die von Cornwall ein zwar schönes, aber letztlich realitätsfremdes und eindimensionales Bild hinterlassen hat.

Dass Cornwall eine besonders starke Attraktivität besitzt, lässt sich indessen nicht abstreiten. Niemand besucht diesen westlichen Zipfel der britischen Insel, ohne ins Schwärmen zu geraten oder zumindest davon berührt zu sein. Bereits Ende des 19. Jahrhunderts begannen sich Künstler, die der neuen Mode des Plein-Air-Malens verpflichtet waren, an der kornischen Küste niederzulassen, angezogen von den speziellen Lichtverhältnissen und den abwechslungsreichen, buchstäblich malerischen Meerlandschaften. Bald bildeten sich größere Künstlerkolonien sowohl an der Süd- wie an der Nordküste in Newlyn und St. Ives, beides ehemalige Fischerdörfer mit reetgedeckten Häusern, die heutzutage mit ihren erstklassigen Malschulen und Kunstgalerien die künstlerische Tradition auf vornehmerem Niveau fortführen. Die Veränderung mag die Touristen ansprechen: Wolfgang Hildesheimer, der selbst in den

Dreißigerjahren als Maler in Cornwall wohnte und St. Ives sechzig Jahre später wieder besuchte, empfand diesen Wandel jedoch als ungemütlich: »... das Allzumalerische hat sich des Ortes vollends bemächtigt und hat ihn den Bildern der Ausstellung nachgebildet.« Ein lebendes Museum war St. Ives in seinen Augen geworden, eines, das gewissermaßen in seiner eigenen Ästhetik erstarrt ist.

Unter den Künstlern und Schriftstellern, die Cornwall verfielen und es in den Mittelpunkt ihres Schaffens stellten, ragen ein paar Frauen heraus, die ihre Faszination besonders intensiv und aus sehr unterschiedlichen Blickwinkeln verarbeitet haben. Die Londoner Autorin Daphne du Maurier (1907–1989), von der deutschsprachige Leser bestimmt ihre Bestsellerromane *Rebecca* und *Meine Cousine Rachel* und natürlich die durch Hitchcocks Verfilmung weltberühmt gewordene Geschichte *Die Vögel* kennen, aber vielleicht weniger vertraut sind mit ihrer Biografie und lokalgeschichtlichen Werken, erlebte als junges Mädchen bei ihrem ersten Aufenthalt in Cornwall einen regelrechten ›coup de foudre‹ für die Grafschaft, der fortan ihr ganzes Leben bestimmen sollte. Keine andere Autorin hat sich so leidenschaftlich mit Cornwall, seinen Menschen und seiner Geschichte sowie seiner – schon zu ihren Lebzeiten prekären – Ökologie auseinandergesetzt und eine so tiefe Verbundenheit mit den Bewohnern entwickelt wie sie. Wenn sie nicht schrieb, fuhr sie mit den Fischern aus oder half Schiffsmechanikern beim Reparieren von Schonern, durchstreifte das Land mit ihrem Hund bei Wind und Wetter und studierte Familiengeschichten, historische Dokumente sowie, mit fieberhafter Begeisterung, die Sagen und Legenden rund um die unrühmliche, aber wohl romantischste Charaktereigenschaft der früheren Bewohner Cornwalls: das Plündern und Schmuggeln.

Du Maurier war es, die mit ihrem Roman *Jamaica Inn* (1936) den landesweit bekannten schlechten Ruf der Cornwaliser erstmals für ein breites Publikum thematisierte und romantisch ausschmückte. Ihre Schmuggler sind zwar Schlitzohren und Rohlinge, aber gleichzeitig verleiht sie ihnen die Aura heroischer Überlebenskünstler, ja, legt dar, wie diese Menschen auf den Gedanken hatten kommen können, ihre Tätigkeit moralisch zu rechtfertigen. Fiel die Ernte mager aus und verhinderte das tosende Meer das Ausfahren der Fischerboote, musste doch die wertvolle Ware aufgelaufener Schiffe ein Geschenk Gottes sein und wäre es dann logischerweise ein unverzeihliches Versäumnis, diese nicht an Land zu ziehen, in Felsstollen zu horten und bei bester Gelegenheit für teures Geld zu verkaufen. Mit seinen versteckten Buchten und gefährlichen Klippen bot Cornwall den idealen Boden für diesen dubiösen Broterwerb; er wurde geradezu als Einladung empfunden, der man nicht zu widerstehen brauchte, denn auch die tödliche Natur, dank der die Einheimischen an Plündergut herankamen, schien gottgesandt. Nicht jeder wollte diese Verharmlosung allerdings gelten lassen; der Autor von *Robinson Crusoe*, Daniel Defoe, zum Beispiel bezeichnet schon zu Beginn des 18. Jahrhunderts das kornische Volk als »unersättlich und habgierig«; er spielt auf das Gemunkel an, dass die Küstenbewohner der Besatzung aufgelaufener Schiffe nicht nur ihre Hilfe verweigerten, sondern ihrem Glück gar nachhalfen, indem sie diese ins Meer zurückwarfen oder ermordeten, um leichter an die Schiffsbeute zu gelangen: »... erpicht auf blutiges und grausames Tun ...«, seien sie, schreibt er, »... vor allem in Hinsicht auf die armen verängstigten Seemänner, wenn der Sturm sie an die Klippen trieb – wo sie die Felsen selbst nicht gnadenloser fanden als die Leute, die sich an sie heranmachten für ihre Beute.« Ein Pastor in Nord-Cornwall, dessen Memoiren einen Schatz an wundersamen Geschichten bergen, zitiert in diesem Zusammenhang sogar ein zu seinen Zeiten gängiges Kindergebet: »Gott segne Vater und Mutter und lasse am Morgen ein Schiff auflaufen.«

Cornwall ist reich an Sagen und an mehr oder weniger wahren Geschichten über seine Plünderer und Schmuggler; fast jedes Küstendorf kann sich eines solchen rühmen, und an manchen Orten gibt es mittlerweile auch Museen, in denen Besucher sich anhand von Gesetzesurkunden und Fotografien von Wracks über die Tradition der Ausbeutung von Schiffen ein Bild machen können. Durch ihren Roman *Jamaica Inn* ist du Mauriers Name nun auf immer mit diesem historischen Aspekt Cornwalls verbunden. Ihr

Interesse für die Schmuggler Cornwalls entspringt jedoch nicht billigem Sensationshunger; vielmehr bemühte sie sich, Cornwalls Einmaligkeit – sowohl der Landschaft als auch der Leute aus den verschiedensten Schichten – anhand der Lokalgeschichte zu verstehen und in einem zweiten Schritt anderen zu vermitteln. Sie tat dies nicht allein in der fiktiven Form, sondern veröffentlichte 1967 auch eine Art Liebeserklärung an Cornwall, in der sie ihr ganzes, über die Jahre angesammeltes Wissen über das Land zusammenfasst. Sie gab diesem Buch den melancholischen Titel *Vanishing Cornwall* (zu deutsch nicht wörtlich mit ›Schwindendes Cornwall‹ übersetzt, sondern mit *Zauberhaftes Cornwall*), im Bewusstsein, wie sehr die lokalen Traditionen, die Natur und Identität Cornwalls durch den Fortschritt gefährdet sind. Du Maurier mochte mit ihrer ohnehin zum Makabren tendierenden Fantasie für die Themen ihrer Romane und Kurzgeschichten gern auf dunkle Geheimnisse der Vergangenheit zurückgreifen, aber wenn es um Cornwall selbst ging, richtete sie ihren Blick in die Zukunft. Es war ein besorgter Blick, und der Vergleich zum heutigen Cornwall gibt dieser Sorge recht; die Naturverschandelung, die sie bereits in ihrem Nachwort in der Neuausgabe von 1980 erahnte, nimmt ihren Lauf, und ihre Worte könnten zeitgenössischer nicht wirken, wenn sie schreibt: »Einst milchig weiß von den Strömen, die es befluteten, ist Par Bay jetzt allzu oft ein trübes Braun, sei es von den Abflüssen oder dem ölverschmutztem Seetang – wer kann es sagen? Ich weiß nur, dass der Gestank mich und die Leute rundum entsetzt, wenn ich mit meinen Hunden am Strand spaziere, obwohl viele Besucher, die zum Schwimmen hierherkommen, davon keineswegs entmutigt scheinen.«

Eine ähnlich starke Verbundenheit mit Cornwall empfand die nordenglische Bildhauerin Barbara Hepworth (1903–1975), die die Grafschaft zwar nicht wie du Maurier schon als junges Mädchen kennenlernte, sondern erst zu Beginn des Zweiten Weltkriegs als erwachsene Frau und arg überarbeitete Mutter von vierjährigen Drillingen. Wie ihre Zeitgenossin fand sie in Cornwall jedoch auf Anhieb den idealen Nährboden für ihre Kunst und beschloss, in St. Ives Wurzeln zu fassen. Was Hepworth als visuelle Künstlerin an Cornwall faszinierte, war weniger dessen sagenumwobene Vergangenheit als vielmehr die kantig prägnanten Formen der Felsklippen und die Findlinge, die allerorts wie fertige Skulpturen auf Feldern und Wiesen herumstehen. Schon während ihres ersten Studienjahres am Londoner Royal College of Art zeichnete sie sich durch eine ausgeprägt abstrahierende Interpretation der Objektwelt aus, und in Cornwall fühlte sie sich zum ersten Mal seit ihrem Weggang von Zuhause im Einklang mit einer Landschaft und einem Volk, die ihre innere Anschauung widerspiegelten: »Ich denke, dass die Einwohner Cornwalls eine ausgesprochen kultivierte Rasse sind; sie sind als Seemänner gereist, sie haben im

Ausland als Bergmänner gearbeitet ... sie sind auf das Universum abgestimmt ... Die Landschaft an beiden Orten [Cornwall und West Yorkshire, wo Hepworth herkam] besitzt eine gewaltige Energie. Beide Orte weisen dieselben Narben industrialisierter Entwicklung auf. Und auch die Menschen haben Einiges gemeinsam. Sie sind so offen wie ihre Landschaften. Sie haben einen eingeborenen Sinn für das Handwerk. Sie wissen instinktiv, wie man einen Stein in eine Mauer einlässt; er passt genau richtig – und dies beim ersten Versuch.«

Der rohe Stein war die Materie von Hepworths Kunst. Sie behaute und schliff ihn bis zu spiegelähnlicher Glätte und entlockte ihm eine Eleganz, die, schlicht und kraftvoll zugleich, seine stoffliche Essenz geradezu zum Leuchten bringt. Aus Cornwalls Meer, seinem flimmernden Glitzern, den Wellen und auch den Muscheln, die sie am Strand fand, schöpfte sie die Inspiration für die weichen gerundeten Formen ihrer Skulpturen, während die aufgeworfenen Schieferklippen und Felsbrocken ihr vor allem in den späteren Jahren ihres Schaffens den Mut zur Monumentalität einflößten. Sie selbst erstellte die enge Verwandtschaft ihrer Skulpturen mit der kornischen Landschaft immer wieder und betonte in Interviews und Briefen gern, dass sie die Entfaltung ihres künstlerischen Potenzials zu einem großen Teil ihrer geistigen Heimat verdanke.

Ihr Atelier im Herzen von St. Ives ist heute eine Pilgerstätte für Liebhaber moderner Kunst. Obwohl sie dort bis zu ihrem Tod im Jahr 1975 lebte und arbeitete und St. Ives nur ungern verließ, verstand sie sich selbst nie als lokale Künstlerin. Weltoffen und politisch engagiert – vor allem im Kampf gegen die nukleare Aufrüstung –, unterhielt Hepworth zahlreiche internationale Beziehungen mit anderen Künstlern und Aktivisten und zählte wichtige Persönlichkeiten des öffentlichen Lebens zu ihren Freunden, darunter den UNO-Generalsekretär und Friedensnobelpreisträger Dag Hammarskjöld. Nach dessen unerwartet frühem Tod im Kongo 1961 wurde sie von der UNO mit einer Gedenkplastik beauftragt, die nach der Fertigstellung 1964 ihren internationalen Ruf als eine der wichtigsten Künstlerinnen des 20. Jahrhunderts sicherte. Die monumentale Bronzeskulptur *Single Form* steht auf der United Nations Plaza in New York und ist mit ihren sechseinhalb Metern Hepworths größtes Werk. Es schmückt einen Platz auf der anderen Seite des Atlantiks, aber die ursprüngliche Inspiration dazu geht auf ein kornisches Erlebnis zurück, das in eine erste Fassung von *Single Form* mündete: die Plastik *Bryher*, ebenfalls in Bronze gefertigt und nach einer gleichnamigen kornischen Insel benannt: »Wenn ich etwas geschaffen habe, denke ich: Woher ist mir die Idee gekommen? *Bryher* ist in einem Boot sein und rund um Bryher segeln, und das Wasser, die Insel, natürlich die Bewegung. Wenn ich etwas körperlich erlebe wie dies, habe ich oft einen Einfall für eine Skulptur.«

Barbara Hepworth bietet mit Leben und Werk ein überzeugendes Beispiel, wie sich die Verwurzelung an einem Ort mit Weltoffenheit vereinbaren lässt und die Erfüllung einer scheinbar weltfremden Lebensaufgabe wie die der abstrakten Bildhauerei ein Hoffnungszeichen für eine bessere Zukunft setzen kann. Cornwall verdankte sie die innere Stärke und unerschütterliche Überzeugung, dass die Welt trotz Kriegen und Umweltkatastrophen Bestand haben wird. Den Beweis dafür meinte sie in den Felsen und Menhiren, den Klippen und Findlingen ihrer Umgebung zu finden, die seit Urzeit existieren und ebenso unendlich lang noch die kornische Landschaft prägen werden.

Für die Londoner Komponistin Ethel Smyth (1859–1944) bedeutete Cornwall im Gegensatz zu du Maurier und Hepworth bloß ein Intermezzo in ihrem langen, bewegten Leben. So flüchtig dieses Intermezzo auf den ersten Blick scheinen mag, berechtigt die Tatsache, dass es die Musikwelt um eine bahnbrechend originelle Oper aus weiblicher Feder bereichert hat, Smyths Platz an der Seite von kunstschaffenden Frauen mit einer lebenslangen Liebe zu Cornwall. Smyth liebte Cornwall nicht mehr als andere Orte, die sie bereiste. Gewöhnlich zog sie dem Land die großen Städte vor, kulturelle Zentren wie London, Leipzig, München oder Paris, in denen sie ihre Musik zur Aufführung bringen und daneben ihre zahlreichen intensiven Freund- und Liebschaften pflegen konnte. Und wenn zwischendurch die Wanderlust sie packte, konnte sie entlegene Gegenden mit derselben Leidenschaft erleben und dann vergessen; Ägypten bereiste sie auf dem Kamel und Griechenland zu Fuß, und einmal, im September 1886, machte sie Wanderurlaub auf den kornischen Scilly-Inseln.

Noch jung und am Anfang ihrer wechselhaften Karriere als Komponistin stehend, konnte sie nicht ahnen, dass der Besuch einer Meereshöhle auf der kornischen Insel Tresco die nächsten zwanzig Jahre ihres beruflichen Lebens bestimmen sollte. Ein Führer durch die nicht ungefährliche Höhle erzählte ihr von den Schmugglern und Plünderern, die früher die Ware gekenterter Schiffe darin verbargen, und genau wie bei du Maurier löste die Geschichte bei Smyth den spontanen, ja fast obsessiven Vorsatz aus, daraus ein Kunstwerk – in ihrem Fall eine Oper – zu schaffen. Ahnungslos, wie sie bis dahin über den großen Legendenschatz Cornwalls gewesen war, stürzte sich Smyth in die Recherchen, studierte Quellenmaterial in der British Library in London und kehrte mehrmals nach Cornwall zurück, um von den Einwohnern persönliche Berichte zu sammeln. Indessen war Smyth nicht Schriftstellerin, sondern Musikerin, und wenn sie im Stoff auch die richtige Mischung von Mythos, Drama und Abenteuer erkannte, aus der sich ein großes abendfüllendes Werk realisieren ließ, fehlte ihr doch noch die Fähigkeit, diesen in eine psychologisch nachvollziehbare Geschichte zu gießen. Der amerikanische Schiftstellerfreund Harry Brewster lieferte schließlich das Libretto zu ihrer Cornwall-Oper

The Wreckers, die 1906 unter dem deutschen Titel *Strandrecht* in Leipzig uraufgeführt wurde.

Die Rezeptionsgeschichte eines der wichtigsten britischen Musikwerke des 20. Jahrhunderts ist eine leidige, voller Ärger und Enttäuschungen für die Komponistin, an der sich beispielhaft der harte Kampf um Anerkennung ablesen lässt, den Musikerinnen und vor allem Komponistinnen in einer von Männern dominierten Sparte auszutragen hatten. Immerhin könnte man im Fall von *Strandrecht* sagen: Ende gut, alles gut – denn die Oper ist aus ihrem langen Dornröschenschlaf erwacht, erfolgsgekrönte Aufführungen in New York und Berlin haben sie – und die Komponistin – endgültig der Vergessenheit entrissen, und 2022 konnte das Werk auf dem englischen Opernfestival Glyndbourne auch endlich in der französischen Originalfassung *Les Naufrageurs* auf die Bühne gebracht werden.

Virginia Woolf (1882–1941) lebte und schrieb in London und Sussex, und doch ist die Assoziation dieser Autorin mit Cornwall im Bewusstsein ihrer Leser so stark, dass oft irrtümlicherweise angenommen wird, sie habe in dieser Grafschaft ein Landhaus besessen und zeitweise gar dort gewohnt. Dem ist nicht so. Woolf verbrachte als Kind ihren Sommerurlaub jeweils in St. Ives, und später reiste sie entweder allein oder in Begleitung von Freunden und mit ihrem Ehemann Leonard an den Ort ihrer Kindheit zurück, getrieben von einer Nostalgie für die intensiv genossene – aber auch erlittene – Kindheit, die sie dort mit ihrer Familie verbrachte: »Rückblickend war nichts, was wir als Kinder hatten, von so großer Wirkung, war uns nichts ganz so wichtig wie unser Sommer in Cornwall«, schreibt sie zwei Jahre vor ihrem Tod in *Skizze der Vergangenheit* und zeichnet das Bild einer Familie, die, aus der Perspektive des Kindes gesehen, zehn Jahre lang sorglose Wochen am Meer verbrachte, bis der Tod der Mutter diesen paradiesischen Sommern ein Ende setzte und das junge Mädchen Virginia in eine lebensgefährliche Depression stürzte. Cornwall als heile Welt, als Ort ungetrübten Glücks: Woolf erlebte zwar im kornischen Ferienhaus jene traumatisierenden sexuellen Übergriffe, unter deren psychologischen Folgen sie ein Leben lang zu leiden haben würde, aber letztlich entschied sie sich als Erwachsene, in ihren Romanen die positiven Erlebnisse und Eindrücke von St. Ives zu verarbeiten.

Jacobs Zimmer (1922), *Zum Leuchtturm* (1927) und *Die Wellen* (1931) fasst man heute gemeinhin als Woolfs kornische Trilogie zusammen, so stark sind diese Texte von den Elementen durchdrungen, die Woolf als Kind und später als erwachsene Besucherin von Cornwall verinnerlicht hat. Ihren ersten mit der Technik des Bewusstseinsstroms experimentierenden Roman *Jacobs Zimmer* beginnt Woolf mit einer Strandszene in einem ungenannten kornischen Dorf. Mitten im Urlaubsfrieden einer verwitweten Mutter und deren zwei Buben bricht ein heftiger Sturm aus, den Woolf hier einsetzt, um eine dunkle Ahnung von kommendem Unglück zu evozieren. Der Stimmungswechsel spiegelt gewissermaßen Woolfs frühe Erfahrung mit der Unbeständigkeit menschlichen Glücks wider; wie plötzlich es ihr abhanden kam, wo sie sich im Urlaub in Cornwall doch so sicher und geborgen gefühlt hatte.

Noch fünf Jahre mussten verstreichen, bis Woolf wagte, die in *Jacobs Zimmer* andeutungsweise begonnene Verarbeitung von traumatischen Verlusten fortzuführen. Sie selbst erkannte im Nachhinein, dass sie mit der Verfassung von *Zum Leuchtturm* eine Art schriftliche Psychotherapie gemacht hatte. Deren kathartischer Effekt zeigte sich jedenfalls darin, dass Woolf nach Abschluss des Textes buchstäblich von einem Tag auf den andern von den quälenden Erinnerungen an die verstorbene Mutter befreit war. In *Jacobs Zimmer* lernen wir den jungen Jacob kennen, wie er am kornischen Strand Krabben sucht; bald aber geistert er nur noch als abwesende, von Freunden und Verwandten beschworene Figur durch den Roman; wie Woolfs Bruder Thoby stirbt Jacob jung, und sein Tod hat einen Schatten auf das Leben der Hinterbliebenen geworfen. In *Zum Leuchtturm* arbeitet Woolf nicht mehr mit Figuren, die als verblassende Erinnerungen nur in trügerischen, konturenlosen Bildern zu erfassen sind, sondern schafft mit dem Ehepaar Ramsay ein wirklichkeitsnahes, im Hier und Jetzt verankertes Porträt ihrer Eltern. Der aufbrausende, intellektuelle Vater, die gütige, stets sich aufopfernde Mutter: Sie zählen zu den eindrücklichsten und psychologisch am besten abgerundeten Figuren in Woolfs Œuvre, und es ist wohl bezeichnend, dass Woolf ein Haus am Meer als Schauplatz gewählt hat. Es ist Talland House, das kornische Ferienhaus ihrer Jugend, und beim Leuchtturm, zu dem die Familie Ramsay einen Ausflug plant, handelt es sich um jenen von Godrevy auf der vor St. Ives gelagerten Insel gleichen Namens. Woolf siedelt *Zum Leuchtturm* zwar auf der schottischen Insel Skye an, wo sie selbst nie gewesen war, aber in Briefen und Tagebüchern spricht sie im Zusammenhang mit diesem Text immer von Cornwall und St. Ives.

Nach *Zum Leuchtturm* fühlte sich Woolf bereit, das ihr am Herzen liegende Cornwall ohne persönlichen Ballast anzugehen und in den Mittelpunkt eines visionären Textes zu stellen. *Die Wellen* ist als eine große Symphonie von menschlichen Stimmen im Rhythmus der Gezeiten und des Sonnenlaufs angelegt, sechs Jugendfreunde erzählen in Monologform ihr Leben und tauschen untereinander Erinnerungen an Percival, den siebten im Bund, der wie Woolfs Bruder Thoby und Jacob in *Jacobs Zimmer* jung gestorben ist. Das Meer ist allgegenwärtig in diesem berückenden Roman, Ebbe und Flut ein Bild für das Leben, das sich stetig wandelt und rauschend den Takt der zerrinnenden Zeit schlägt.

Woolf, die Londonerin, hatte dieses Meeresrauschen seit ihrer Kindheit im Blut. Bereits auf der ersten Seite ihres Erinnerungsstückes *Skizze der Vergangenheit* richtet sie den Blick zurück auf den

Sommerurlaub in Cornwall und sieht sich »... halb eingeschlafen, halb wach im Bett des Kinderzimmers in St. Ives ... den Wellen lauschend, die brechen, eins, zwei, eins, zwei, und den Strand mit einem Wasserspritzer besprengen.«

Cornwall verdankte Woolf die glücklichsten Tage ihrer Kindheit und später im Leben Urlaubswochen voll nostalgischer Rückschau. Nicht immer weilte sie in St. Ives, wenn es sie nach Cornwall zog. Zennor, ein Dorf inmitten rauer Heidelandschaft, besuchte sie mehrmals und nannte es »den entzückendsten Ort der Welt«. Zennor hat noch eine weitere berühmtere literarische Assoziation, nämlich mit D. H. Lawrence, der sich dort während des Ersten Weltkriegs mit seiner Frau Frieda niederließ und, fern des hässlichen Kriegsgeschehens, eine friedliche Blutsbrüderschaft von Literaten und Ästheten bilden wollte. Die neuseeländische Autorin Katherine Mansfield und ihr Mann John Middleton Murry ließen sich eine Weile auf Lawrences Experiment ein, aber Spannungen und Konflikte zwischen den beiden Paaren vertrieben Mansfield und Murry sehr bald aus Zennor. Lawrence und Frieda waren nach Mansfields Empfinden zu roh und in anwiderndem Maß sexbesessen. Auch ließ Mansfield der Charme kornischer Ländlichkeit letztlich kalt. In Cornwall gebe es zu viele Steine, klagte sie, und dem Klima, das ohnehin für ihre fortschreitende Tuberkulose alles andere als ideal war, konnte sie in jenen Wochen ebenso wenig Positives abgewinnen.

Immerhin erinnerte sie sich gegen Ende ihres Lebens an die schönen Seiten ihres Cornwall-Aufenthaltes: »Ich hatte einen ganzen Frühling voll Glockenblumen mit Lawrence«, schrieb sie an die Malerfreundin Dorothy Brett. »Ich werde ihn nie vergessen. Und es war warm, nicht sehr sonnig, die Schatten rasten über das seidene Gras und die Kuckucke sangen.«

Die Spur, die Mansfield in Cornwall hinterlassen hat, ist somit flüchtig; am ehesten findet man sie in D.H. Lawrence's Roman *Liebende Frauen*, den er in seiner Zeit in Zennor schrieb. Während er in die Figur von Ursula Brangwen Charakterzüge seiner Frau legte, verwendete er Mansfield als Modell für deren Künstlerschwester Gudrun.

Die folgenden Porträts der hier erwähnten Frauen in Cornwall sind nicht als Biografien aufzufassen. Gewiss, der biografische Kontext darf nicht fehlen, wenn es darum geht, die Beziehung des Menschen zu einer Landschaft darzulegen und nachzuzeichnen, wie sich diese auf dessen künstlerisches Werk niederschlägt. Wir meinen jedoch, dass in diesem Fall der leichte Datenzugang im Internet den Verzicht auf Lebensfakten rechtfertigt, die keinen direkten Zusammenhang zu Cornwall aufweisen, zumal ergänzende Angaben von relevanten Internetseiten über die jeweiligen Frauen interessierten Leserinnen und Lesern die Möglichkeit geben, sich über deren Leben und Wirken weiter zu informieren.

Nicht alle vier britischen Frauen genießen denselben Bekanntheitsgrad im deutschsprachigen Raum. Während Daphne du Maurier und Virginia Woolf in der literarischen Welt – in du Mauriers Fall vielleicht sogar mehr noch in der Filmwelt – berühmte Namen sind, ist der Bildhauerin Barbara Hepworth trotz großer Ausstellungen in Zürich, Berlin und Rolandseck der Durchbruch noch nicht gelungen, und die Komponistin Ethel Smyth bleibt ein Insidername, obwohl sie zu Lebzeiten eine intensive Verbindung zur deutschen Musik- und Kulturwelt gepflegt hat. Diesen Unterschieden ist in den jeweiligen Porträts so ausgewogen wie möglich Rechnung getragen worden. Ebenfalls zu berücksichtigen war, dass Cornwall – Landschaft, Kultur und Menschen – für Daphne du Maurier, Virginia Woolf und Barbara Hepworth eine lebenslange Liebe und Beschäftigung bedeutet hat, weshalb ein größerer biografischer Kontext nötig war als für Ethel Smyth, für die Cornwall spätestens nach der Uraufführung ihrer großen kornischen Oper an Bedeutung verlor.

Ob lebenslange Liebe und Faszination oder kurzer ›coup de foudre‹: Das ausschlaggebende Kriterium, dem diese vier Porträts zugrunde liegen, ist die einmalige Art und Weise und die Form, in der Cornwall sich in wichtigen Werken dieser britischen Künstlerinnen niedergeschlagen hat.

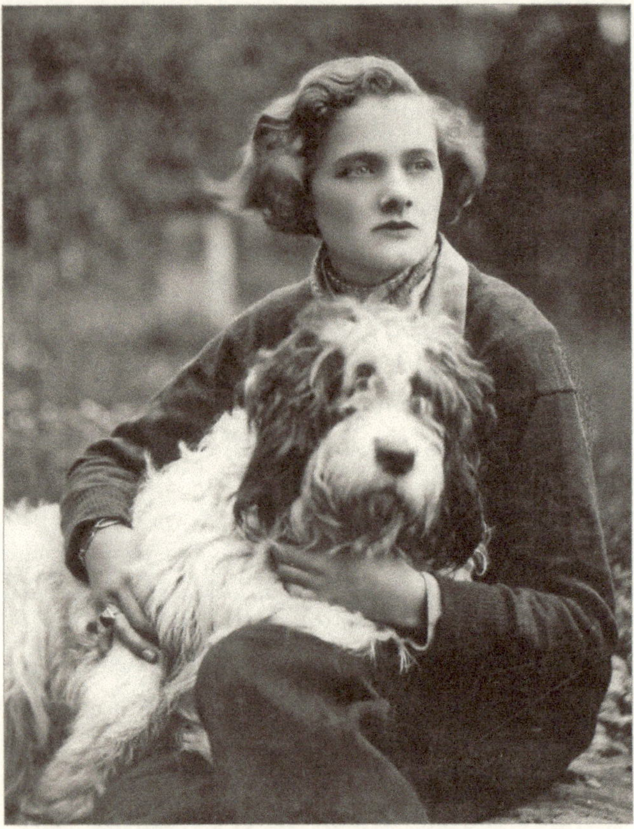

»Das wahre Ich ist in Fowey, in meinem Boot, allein …«

Daphne du Maurier

»... niemand wird mir so unter die Haut gehen wie es Fowey kann. Menschen und Dinge kommen und gehen, aber Orte nicht.
Oh, die vollkommene Freude, wieder zum Hafen hinüberzublicken. Blauer Rauch, der sich drüben über den grauen Häusern kringelt, der Dunst über dem Wasser, der Lärm und Geruch der Schiffe. ...
Was mehr auf der Welt könnte ich mir wünschen als diese Dinge? Ich bin hier, ich bin immer hier gewesen ...«

Muriel und Gerald du Maurier mussten sich schon früh mit der Tatsache abfinden, dass ihre mittlere Tochter Daphne sie einiges mehr an Geduld und Nerven kosten würde als die ältere Angela und die jüngere Jeanne: Wunderhübsch war sie zwar mit ihren großen blauen Augen und den goldenen Locken, aber ein Wildfang der sperrigsten Art, sodass die Kindermädchen jeweils alle Mühe der Welt hatten, sie für gesellschaftliche Anlässe in ein artiges Kleidchen zu stecken oder sie auch nur für einen Spaziergang im nahen Park zu gewinnen. Parks fand die kleine Daphne langweilig, und später hasste sie auch die Einkaufsbummel in der vornehmen Londoner Oxford Street, die Tanzpartys, Theatermatinéen und Filmabende, ja schlicht alles, was mit Englands städtischer Zivilisation zu tun hatte.

»Ödes, grässliches London« nannte Daphne die Stadt, in der sie aufwuchs, und haderte mit sich selbst, dass sie sich nicht wie Angela und Jeanne einfach amüsieren konnte, statt immer so unzufrieden und rastlos auf erfüllendere Zeiten zu warten. Hatte sie nicht alles, was das Herz begehrte: liebende Eltern, Schwestern, mit denen sie bestens auskam, und anstelle von gewöhnlichem Schulunterricht eine eigens auf ihre Bedürfnisse und Neigungen zugeschnittene private Ausbildung? Nicht zu reden von ihrem riesigen Haus mit großem Garten im besten Quartier Londons und dem ansehnlichen Wohlstand, der sie von jeglichen materiellen Sorgen befreite? Tatsächlich schämte sie sich ihrer Undankbarkeit, wenn sie bedachte, welche Fülle an Gutem ihr in die Wiege gelegt worden war. Das Gefühl aber, am falschen Ort zu leben und ihre Zeit mit Nichtigkeiten zu verschwenden, ließ sich so leicht nicht abschütteln; das Tagebuch ihrer Jugend ist durchdrungen von der Sehnsucht nach einem Lebenssinn und dem Ort, wo sie diesen finden könnte. Ihre einzige Freude war die Aussicht, im Sommer aufs Land zu fahren. Von Mai bis September pflegte die Familie der Stadt den Rücken zu kehren und mitsamt Dienerschaft ein Herrschaftshaus auf dem Land zu mieten. Dort bekam das Mädchen eine erste Ahnung von Freiheit und lebte, von wilder Natur umgeben, regelrecht auf. Im Herbst jedoch setzte der städtische Alltag wieder ein, und entsprechend verdunkelte sich Daphnes Laune und plagten sie die alten Fragen wieder.

Lesen half. Sie verschlang mit Vorliebe J.L. Stevenson und Walter Scott, deren Abenteuerromane sie in exotische und gefährliche Welten versetzten, und legte sich auch ein Alter Ego zu, einen Jungen namens Eric Avon, durch den sie die eintönigen Tage mit eigenen Abenteuern in spontan erdichteten Szenen vergessen konnte. Diese Flucht in die Scheinwelt begann als ein Spiel, von ihrem Vater gefördert, der sie ihr auch allabendlich vorlebte. »Anderer Kinder Väter gingen vielleicht in ein Büro arbeiten, der unsrige ging ins Theater«, schrieb Daphne Jahrzehnte später in ihrem Essay über ihn. Tatsächlich galt Sir Gerald nicht nur als einer der besten Schauspieler des West End, sondern machte sich auch weit über London hinaus einen Namen als Intendant des Wyndham-Theaters. Dies erlaubte seinen drei Töchtern, während der Proben und am Ende von Vorstellungen in den Korridoren des Theaters ein- und auszugehen und den angesehensten Schauspielern, Regisseuren und Bühnenautoren der Zeit bei ihrer Arbeit zuzuschauen. Oft suchte Daphne am Ende der Sonntagsmatinéen ihren Vater in der Loge auf und beobachtete verwundert und nicht ohne ein Quäntchen Wehmut, wie er sich beim Abschminken buchstäblich den Schein vom Gesicht wusch und sich in den wirklichen Menschen zurückverwandelte. Wie spannend war es doch, in die Haut anderer Menschen zu schlüpfen! Ihr Vater meisterte diese Kunst unter größtem Applaus des Publikums;

die scheue Daphne suchte ihrerseits einen diskreteren Weg, um das geliebte Spiel von Sein und Schein auszuleben. Sie begann Short Storys zu schreiben und wagte sich einmal gar an eine griechische Tragödie in Blankversen, von der sie jede Zeile bis zur Vollkommenheit ausfeilte. Diese Jugendtexte landeten indessen fast ausnahmslos unbeendet in der Schublade und schienen Daphne nur noch mehr in ihrem Zweifel zu bestärken, dass ihr trotz blühender Fantasie letztlich Begabung und Ausdauer fehlten. Wenn sie aber nicht Schriftstellerin werden konnte, was sollte sie sonst mit ihrem Leben anfangen? Sich wie Angela auf Bällen in junge Männer verlieben? Oder wie Jeanne viele Freundinnen haben und daneben ein bisschen musizieren und malen? Die Mutter, zu der Daphne ein eher kühles Verhältnis hatte, konnte ihr keinen Rat geben; Daphne, widerspenstig und grüblerisch, passte in kein ihr geläufiges Lebensmuster für Töchter aus gutem Haus.

Sir Gerald hatte insgeheim jedoch immer den Wunsch gehegt, dass seine Lieblingstochter eines Tages in die Fußstapfen ihres berühmten Großvaters treten und schreiben würde. Wie dieser liebte sie Frankreich leidenschaftlich und fühlte sich hin- und hergerissen zwischen der französischen und englischen Lebensart, und so war es für Sir Gerald naheliegend, dass Daphne auch die literarische Ader ihres Großvaters geerbt haben musste. Diese galt es nach bestem Wissen zu fördern, wobei fördern für ihn bedeutete, auf

Spaziergängen oder zu Hause nach dem Sonntagsmahl möglichst viel über George du Maurier und seine schriftstellerische Karriere zu erzählen. Auf dessen Roman *Trilby* aus dem Jahr 1884 war er besonders stolz; *Trilby* hatte George nicht nur über Nacht reich gemacht, sondern auch nachhaltige Spuren in der Weltliteratur und im Alltagsleben hinterlassen. Gaston Leroux ließ sich davon für *Le Phantome de l'Opéra* inspirieren; Seifen, Lieder und ein Hutmodell mit schmaler Krempe wurden nach der Titelheldin benannt und in Florida sogar eine Stadt auf sie umgetauft. Daphne kannte alle diese Anekdoten bald auswendig und wurde ihrer vor lauter Wiederholungen auch überdrüssig; zugleich aber verstärkten sie ihren Familienstolz und weckten allgemein ein Interesse für Familiengeschichten, das sich als ausschlaggebend für die Themen ihrer Romane erweisen sollte.

Die fünfzehnjährige Daphne träumte davon, zu schreiben wie ihr großes Vorbild Katherine Mansfield, doch mit achtzehn musste sie sich eingestehen, dass ihr das Schreiben selbst eigentlich keinen Spaß machte. Geschichten ausdenken war das eine, sich hinsetzen und die Ideen ausgestalten das andere. Es wollte nicht gelingen, und sie begann zu bereuen, dass sie ihrem Vater ein paar Texte unterbreitet und damit seine Erwartungen geweckt hatte.

Die große Wende in Daphnes Leben – die Erlösung von ihrer Unzufriedenheit mit sich selbst und ihren schriftstellerischen Plänen – ereignete sich an einem

Augusttag des Jahres 1926, als die Mutter den Vorschlag machte, sich für zukünftige Ferien in Cornwall nach einem Haus am Meer umzusehen. Vordergründig gab dazu Edgar Wallaces großzügiges Honorar für Sir Geralds Mithilfe an der Bühnenversion seines Thrillers *Der Hexer* den Ausschlag, aber ebenso sehr wurde das Wohl der schwierigen Tochter in die Waagschale gelegt: Für Daphne, die ihr Glück offenbar nur in der wilden Natur finden konnte, mochte Cornwall das Richtige sein. »Du würdest es mögen, nicht wahr? Viel Schwimmen und Wandern?«, fragte die Mutter.

Es war eine rhetorische Frage. Vom Augenblick an, da Daphne den kleinen Hafenort Fowey (Foy ausgesprochen) an der Mündung des gleichnamigen Flusses entdeckte, war sie wie verwandelt.

»Die Luft roch nach Teer und Seil und rostiger Kette, nach den Gezeiten. Hafenabwärts, jenseits der Klippenspitze, war das offene Meer. Hier war die Freiheit, die ich begehrte, die lang gesuchte, noch nicht bekannte. Die Freiheit zu schreiben, zu spazieren, zu wandern, die Freiheit Hügel hochzuklettern, ein Boot zu ziehen, allein zu sein. Der Zufall allein konnte es nicht sein, der uns zur Fähre und zum Fuß von Bodinnick Hill gelenkt hatte und so zur Tafel über dem Tor, auf dem ›Zum Verkauf‹ geschrieben stand.«

Das zum Kauf ausgeschriebene Haus Swiss Cottage (von der Familie später Ferryside genannt) hatte bessere Tage gekannt, doch stand es in romantischster

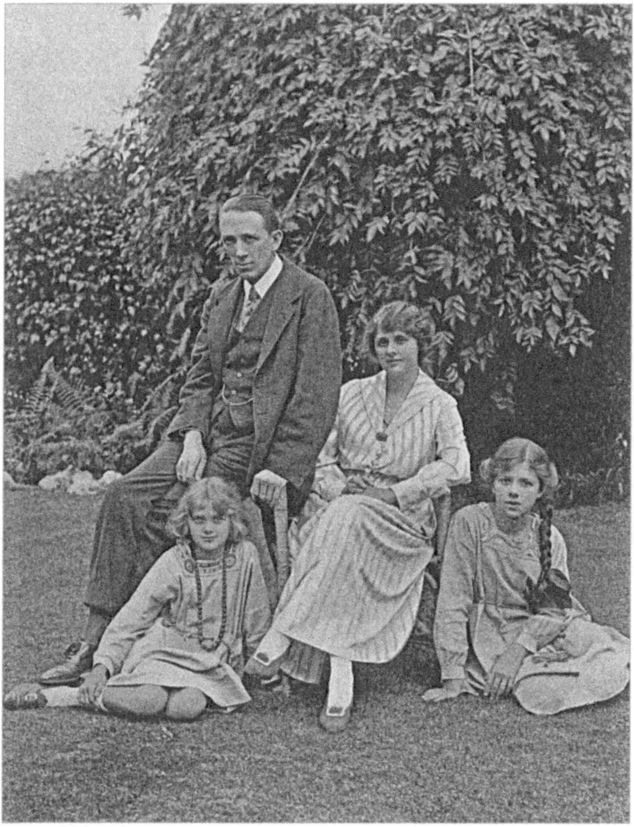

Daphne, hier zu Füßen des Vaters Sir Gerald du Maurier, war ein Wildfang der sperrigsten Art und passte in kein geläufiges Lebensmuster für Töchter aus gutem Hause.

Lage mit uneingeschränkter Sicht auf Meer und Hafen und gefiel zum Glück nicht nur Daphne, sondern auch der Mutter. Nach dem spontanen Kauf und den Renovierungsarbeiten sollte es jedoch noch drei Jahre dauern, bis Daphne sich endgültig von London lossagen und in Cornwall Wurzeln schlagen konnte. Allein die Tatsache aber, dass das Haus ihr jeweils für kürzere Aufenthalte zur Verfügung stand, beflügelte sie, ihre schriftstellerische Karriere mit größerem Ernst zu verfolgen. Plötzlich fiel es ihr leichter, Geschichten zu Ende zu schreiben; in Fowey konnte sie das Schreiben mit Bootsfahrten und Wandern abwechseln, und wenn sie von den Eltern nach London zurückgerufen wurde, spornten diese sie mit einem verlockenden Versprechen an: Sobald sie vom Schreiben leben könne, würde man sie ganz nach Fowey ziehen lassen. Gesagt, getan.

Fortan schrieb Daphne eine Short Story nach der andern und hatte auch keine Mühe mehr, sie abzuschließen. Eine erste Veröffentlichung mit zweiundzwanzig Jahren bescherte ihr zehn Pfund und das Lob eines Kritikers, dass »... Fräulein du Maurier, wie unsere Leser feststellen werden, das Genie ihres Großvaters George du Maurier geerbt hat.«

Damit war die ersehnte finanzielle Unabhängigkeit zwar noch nicht gesichert, aber Ausfahrten mit ihrem Ruderboot und später mit dem eigens für sie gebauten Segellogger, der *Marie Louise*, versüßten ihr die Wartezeit und erlaubten ihr, die nötigen nautischen Erfahrungen zu sammeln, die ihr für ihren ersten Roman zugute kommen sollten. Wenn sie nicht schrieb, erkundete sie die Südküste Cornwalls, fischte mit dem befreundeten Fischer Adam riesige Meeraale, fing Hasen, schwamm nackt in abgelegenen Buchten und – eine ihrer Lieblingsbeschäftigungen – betrat unbefugt Grundstücke, um sich große Herrenhäuser näher anzusehen. Sie liebte restlos alles, was Fowey ihr zu bieten hatte, und fühlte sich Land und Leuten bald so tief verbunden, dass sie ein Leben außerhalb von Cornwall nicht mehr ins Auge fassen mochte. Doch nicht nur wollte sie ihr Leben in Cornwall verbringen, sondern auch über die Cornwaliser schreiben. Ferryside war inzwischen genügend renoviert worden, damit Daphne über längere Zeit darin wohnte konnte, und im Oktober 1929 bezog sie es mit dem Vorsatz, mit eiserner Disziplin an ihrem ersten Roman zu arbeiten. Sie schrieb bis zu sechs Stunden im Tag an *Loving Spirit*, einem breit angelegten Familienroman über die Schiffsbaufamilie Slade, deren 1870 gebauten Schoner *Jane Slade* sie auf einer ihrer Wanderungen auf dem Schiffsfriedhof von Pont Creek entdeckt hatte. Das Wrack hatte sogleich ihre Fantasie entzündet, und weil ihr Freund Adam mit der Familie Slade verwandt war, konnte sie dank ihm auf Tagebücher und Briefe der Familie zurückgreifen.

Der nach einem Gedicht von Emily Brontë genannte Roman erschien 1931, als Daphne noch nicht einmal vierundzwanzig Jahre alt war. Schon nach den ersten wohlwollenden Besprechungen war dem Verleger klar, dass er mit Daphne das große Los gezogen hatte. Jung und schön wie sie war, und dann noch aus einer reichen und berühmten Familie, ließ sich seine Autorin nicht nur in der Literaturwelt gut vermarkten, sondern auch in den Tagesmedien, die doch so gern Artikel und Fotos über das Fräuleinwunder abdruckten. Daphne freute sich mehr über den Scheck als über die Aufmerksamkeit der Presse und machte sich bereits Notizen für einen dritten Roman; den zweiten nämlich hatte sie ihrem Verleger abgeliefert, noch bevor der erste in den Buchhandlungen erhältlich war.

»Das wahre Ich ist in Fowey, in meinem Boot, allein«, vertraute Daphne ihrem Tagebuch an. Beim Anblick des Hafens »... fühlte ich mich vollkommen rein, wie eine Seele im Ruhezustand. Es schien mir, als sei alles, was ich betrachtete, schön und ewig ...« Ein paar Freundinnen, auch eine lesbische Liebe in Paris, gestattete sie sich in diesen ersten literarischen Erfolgsjahren, und mit einem Liebhaber in London konnte sie sich glücklich fühlen, solange sie sich nicht verpflichten oder einschränken musste. Letztlich aber zog sie ihr Eremitendasein in Fowey vor und fasste für sich keine andere Zukunft ins Auge, als in Cornwall abwechselnd zu schreiben, zu segeln und zu wandern und ihre neu erlangte Freiheit in vollen Zügen zu genießen.

Bereits im Spätsommer 1931 geschah jedoch etwas Unerwartetes: Ein junger Major der Grenadiergarde fuhr in Begleitung eines Freundes auf einem weißen Motorboot den Fluss Fowey auf und ab, und Daphnes Schwester Angela, die gerade bei Daphne zu Besuch war, sichtete die beiden mit ihrem Feldstecher und machte Daphne auf sie aufmerksam. Daphne gab Angela recht, dass der Major tatsächlich sehr attraktiv aussah, dachte sich aber weiter nichts dabei. Der Major hielt sich mehrere Wochen in Fowey auf und fuhr immer wieder an *Ferryside* vorbei, doch erst im folgenden Frühjahr fand er den Mut, Daphne brieflich auf eine Bootsfahrt einzuladen.

Major Browning war nicht zufällig nach Fowey gereist, sondern in der klaren Absicht, die Autorin von *Loving Spirit* kennenzulernen. Der Roman, so erklärte er seinem Freund, sei der beste, den er seit Jahren gelesen habe, und enthalte derart lebhafte Beschreibungen von Fowey und der Umgebung, dass er das Städtchen mit eigenen Augen sehen und mit etwas Glück auch die junge Schriftstellerin treffen wolle.

Daphne und Major Browning fuhren am Nachmittag des 8. April 1932 zusammen aufs Meer hinaus – und bereits am 19. Juli fand die Hochzeit statt. Daphne wollte keine Feier im großen Stil, und vor allem nicht in London. Sie wählte das mittelalterliche Kirchlein St. Wyllow in Lanteglos oberhalb von Fowey, dieselbe Kirche, in der Jane Slade, die Inspiration zu ihrem ersten Roman, begraben ist.

Heiraten hatte nie zu Daphnes Plänen gehört; es war eine spontane und unüberlegte Entscheidung, wie so manche in Daphnes Leben, und am Abend vor dem großen Tag rechtfertigte sie ihren Schritt mit

Blick auf die Zukunft: »Was auch immer geschehen wird, möchte ich mich erinnern, dass ich dies mit offenen Augen tue, und weil ich ein erfüllteres (Leben ?) haben möchte, mehr Einsicht und Verständnis. Also ade ... Daphne du Maurier.«

Tommy Browning lernte durch Daphne Cornwall besser kennen und lieben. Sein Beruf im englischen Militär bedingte jedoch längere Absenzen und, wie Daphne befürchtete, wohl auch Versetzungen ins Ausland. Einstweilen aber vermochte sie noch in Cornwall zu bleiben und auf ihren Wanderungen und Segeltouren neue Schauplätze für zukünftige Romane zu erkunden.

Bolventor auf dem kornischen Hochmoor von Bodmin liegt heute am Rande der A30, einer Straße zwischen Launceston und Bodmin, ein unscheinbarer Weiler inmitten einer düsteren kargen Landschaft, für den allein sich ein Halt nicht lohnte, stünden nicht entlang der Straße gut sichtbare Wegweiser zum örtlichen Gasthaus. Jamaica Inn ist, wie der Wirt auf seiner Internetseite prahlt, das berühmteste Schmuggler-Lokal der Welt und ein internationaler Pilgerort für die Fans von Daphne du Maurier.

Vor ihrer Heirat pflegte Daphne gelegentlich mit ihrer Freundin Foy längere Ausritte durch Cornwall zu machen. Im November 1930 ritten sie zusammen über das Bodmin Moor und quartierten sich im Jamaica Inn ein, Daphne im Zimmer Nummer 3. War es damals gerade ein alkoholfreies Gasthaus, so konnte dies über die früheren wilden Zeiten nicht hinwegtäuschen. Daphne fühlte sich beim Betreten des alten Gebäudes jedenfalls in eine anrüchige Vergangenheit versetzt, die sogleich ihren Sinn für abenteuerliche Geschichten weckte; wo braves Volk zusammensaß, hatte sie plötzlich die Vision von zechenden Raufbolden und von Schmugglern, die hier, an diesem gottverlassenen Ort, ungestört ihre zweifelhaften Geschäfte abwickelten.

Die Freundinnen ritten am Nachmittag nochmals über das ›desolate, unheimliche‹ Moor, doch bald stieg der berühmte Moornebel von den Niederungen auf, und heftige Regenschauer zwangen sie bei Anbruch der Dunkelheit, in einer verfallenen Scheune Zuflucht zu suchen. Daphne wollte die Nacht darin verbringen, doch Foy fürchtete, sich in der Kälte den Tod zu holen. Schließlich beschlossen sie, sich auf den Orientierungssinn ihrer Pferde zu verlassen, und ritten mit gelockerten Zügeln weiter.

Daphne erinnerte sich später, mit welcher Erleichterung sie im Nebel die Lichter des Jamaica Inn erblickten und durchnässt, aber unendlich glücklich in der wärmenden Stube zu Abend aßen.

»Wenn ich doch Tage hier verbringen könnte statt nur eine Nacht«, bedauerte sie, fand aber doch Zeit, sich während ihres kurzen Aufenthaltes allerlei Schmugglergeschichten erzählen zu lassen, die sich, erfunden oder wahr, im Jamaica Inn zugetragen hatten.

Die Niederschrift ihres nächsten, nach der Gaststube benannten Romans zögerte sich jedoch hinaus.

Daphne, bald Mrs Browning und Mutter einer Tochter, musste zeitweise auf ihr idyllisches Leben in Cornwall verzichten und mit Tommy in der Nähe eines Militärquartiers in Surrey südlich von London leben, wo sie allerlei ihr unangenehme gesellschaftliche Pflichten zu erfüllen hatte. Sie machte kein Hehl daraus, dass sie ihre Rolle als Gattin des Stellvertreters des 2. Grenadierbattalions hasste; Tea Partys und Wohltätigkeitsarbeit waren ihre Sache nicht, und so flüchtete sie wann immer möglich zurück nach Cornwall, um in der wilden Landschaft und Einsamkeit wieder Energie zu schöpfen.

Jamaica Inn erschien sechs Jahre nach ihrem eindrücklichen Besuch in der gleichnamigen Gaststube. Der Roman ist ab der ersten Seite durchdrungen von der dunklen, unheimlichen Atmosphäre des Bodmin Moors, und entsprechend gehören die Landschaftsbeschreibungen, mehr noch als die mit überraschenden Wendungen befrachteten Abenteuer, zu seinen großen Stärken. Die Liebesgeschichte zwischen der Waisen Mary Yellan und dem Rohling Jem Merlyn weist alle Ingredienzien eines romantischen Melodramas auf, aber vor allem die zahlreichen Nebenfiguren sind letztlich bis fast zum Klischee vereinfacht, und das Plädoyer für die Gleichstellung von Mann und Frau – ein Thema, das Daphne ein Leben lang beschäftigte – kommt abwechselnd zu dick aufgetragen oder zu diffus daher. Trotzdem war der Erfolg so groß, dass *Jamaica Inn* nach drei Monaten nachgedruckt werden musste und kein Geringerer als Alfred

Hitchcock den Roman später verfilmte. Aufgrund seiner dichten Atmosphäre erfreut sich das Buch noch heute großer Beliebtheit, wohingegen der Film – nach Hitchcocks eigenen Worten eine »vollkommen absurde Idee« –, enttäuschend ausfiel. Zum einen wurde er nicht in situ auf dem Bodmin Moor gefilmt, sondern im nördlichen Yorkshire, und zum andern waren die schlimmen Schmuggler so brav und harmlos dargestellt, dass Daphne sie mit den Piraten aus *Peter Pan* verglich. Alles in allem eine »erbärmliche Sache«, ärgerte sich Daphne, die übrigens auch bei zukünftigen Verfilmungen ihrer Bücher selten Gnade walten ließ.

Für die Gaststube selbst haben sich sowohl das Buch als auch der Film jedoch als Segen erwiesen. Leser von *Jamaica Inn* pilgern aus aller Welt ins Bodmin Moor und besuchen das Lokal, das nebst Restaurant und modern eingerichteten Zimmern inzwischen ein du Maurier-Museum sowie ein Schmugglermuseum vorweisen kann und gelegentlich auch Übernachtungen inklusive Dreigang-Menü und nächtlicher Geisterjagd anbietet. Tatsächlich hat die British Paranormal Association über Jahre angeblich eigene Forschungen in und rund um das Jamaica Inn betrieben und das Gasthaus nun offiziell zu einem der am häufigsten und überzeugendsten von Gespenstern heimgesuchten Orte in England erklärt.

Finstere, von Geheimnissen umwitterte Häuser faszinierten Daphne seit ihrer Kindheit, und dies in einem Maß, das für ihre Familie und den Ehemann nie gänzlich nachvollziehbar war. Unermüdlich forschte sie Cornwall nach solchen Gebäuden aus und ließ sich von Einheimischen die dazugehörigen Geschichten und Gerüchte erzählen. Inspiration für *Rebecca*, den Roman, der sie schließlich über Nacht weltberühmt machen sollte, fand Daphne anlässlich einer ihrer Erkundungen auf der Halbinsel von Gribben unweit von Fowey. Menabilly, ein imposantes, seit dem 16. Jahrhundert von der Adelsfamilie Rashleigh bewohntes Herrenhaus, zeigte arge Verfallserscheinungen, als Daphne zum ersten Mal das weite, bewaldete Grundstück durchschritt, um sich das Gebäude näher anzusehen. Der damalige Besitzer, Dr. John Rashleigh, befand sich seit Längerem in finanzieller Not und musste, auch aus Gesundheitsgründen, darauf verzichten, das feuchte Menabilly ganzjährig zu bewohnen. Stattdessen kam er alle drei Monate einmal zu Besuch, um die Mieten der Bauernhäuser auf seinem Grundstück einzuziehen, und überließ einer Hauswartin die Aufgabe, das Anwesen einmal die Woche zu durchlüften. Andere Gerüchte zirkulierten indessen in Fowey über Dr. Rashleighs Unwillen, Menabilly zu betreten; nicht die angeschlagene Gesundheit halte ihn davon ab, munkelte man, sondern die Erinnerung an seine Frau, die er einst dort in den Armen ihres Liebhabers überrascht habe. Daphne witterte in diesem Gerücht sogleich ein Familiendrama, das dem Ort in ihren Augen die Aura geheimnisvoller Tragik verlieh und ihre Fantasie und Faszination nur noch mehr anregte. Daphne schildert in ihren Jugenderinnerungen die starke Anziehung, die Menabilly auf sie ausübte, als sie es zum ersten Mal genauer auskundschaftete: »Der Ort rief mich zu sich. Ich fühlte, dass ich mir das Haus unbedingt ansehen musste, und sei es nur für einen Augenblick ... Ich bahnte mir einen Weg zum Rasen, und da stand es. Mein Haus der Geheimnisse. Mein entrücktes Menabilly ... Ich saß und starrte auf die Fenster. Die Hauswartin ... hatte einen Vorhang zurückgezogen, einen Raumspalt freilegend, und sogleich wagte ich mich über den Rasen und konnte, mein Gesicht an die Scheibe gedrückt, einen Blick ins Zimmer erhaschen. Es musste ein Esszimmer sein. Dunkle Verkleidung, eine Anrichte, ein darauf vergessener Korkenzieher, ein großer Kamin. Und von den Wänden starrten die Familienporträts in die Stille und den Staub. Ein anderes, vorhangloses Zimmer im östlichen Flügel war, den Büchern auf den Regalen nach zu urteilen, einst eine Bibliothek gewesen, jetzt aber war es eine Rumpelkammer, und in der Mitte stand ein großes geschecktes Schaukelpferd. Welche kleinen Kinder in blauen Schärpen hatten einst darauf geritten? Wo war das Lachen verschwunden? Wo waren die Stimmen, die einst durch die Korridore gerufen hatten?«

Daphne hatte das Haus ihrer Träume gefunden. Einstweilen musste es jedoch beim Traum bleiben, denn Dr. Rashleigh dachte nicht daran, es zu verkaufen. Für Daphne mochte dies eine Enttäuschung sein, die Nachwelt aber kann ihm dafür nur dankbar sein. Konnte Daphne nicht physisch in Menabilly einziehen, so wollte sie es sich wenigstens gedanklich zu eigen machen und verwirklichte ihren Traum auf dem Umweg eines Romans. Die Anfangszeile von *Rebecca*, »Gestern nacht träumte ich, ich wäre wieder in Manderley«, ist inzwischen einer der berühmtesten und meistzitierten Einleitungssätze der englischen Literatur. Er taucht die Leser sogleich in die Atmosphäre dieses schlossähnlichen Adelssitzes und gibt den trügerisch nostalgischen Grundton des sich entfaltenden Psychodramas zwischen der schüchternen, namenlosen Icherzählerin und dem düsteren Witwer Max de Winter an. Das fiktive Manderley, auf keiner Karte zu orten, aber doch eindeutig irgendwo in Cornwall anzusiedeln, ist heute unlöslich mit Menabilly verbunden. Daphne rückte das Haus für den Roman näher ans Meer und nahm sich eines der am Strand von Polridmouth gelegenen Cottages zum Vorbild für das Bootshaus, das Rebecca für die geheimen Stelldicheins mit ihrem Liebhaber benutzt. Aber ebenso stark wie der Eindruck vom verwahrlosten Menabilly gravierte sich das Erlebnis eines Schiffbruchs in Daphnes Erinnerung ein, das sie später in einer der dramatischsten Szenen des Romans verarbeiten sollte: der Bergung einer weiblichen, nach einem Schiffbruch an Land geschwemmten Leiche, die Max de Winter fälschlich als seine Ehefrau Rebecca identifiziert. Geschichten von Schiffbrüchen und folgenden Ermordungen der Besatzung zwecks Plünderungen der Fracht fesselten Daphne seit ihrem ersten

Tag in Cornwall, aber bis dahin hatte sie diese nur vom Hörensagen mitbekommen; eines Tages aber ereignete sich ein Schiffbruch unweit von Fowey, und Daphne, die sich eine solche Gelegenheit nicht entgehen lassen wollte, eilte anderntags zur Bucht von Polridmouth, um das Unglück mit eigenen Augen zu sehen.

»Der Tag war schön, und nachdem ich am Morgen wie eine Besessene gearbeitet hatte, setzte ich mit der Fähre über und wanderte nach Polridmouth. Dort war es (das Schiff), ja tatsächlich, mitten in der Bucht auf den Felsen, das Meer, das dagegen brach, und sein Eisenboden aufgeborsten. Auf der Seite liegend, bedauernswert, und Rund- und Treibholz an Land geschwemmt. Sogar eine Zeitschrift lag in einer Lache. Leute am Strand, die plünderten, wie emsige Fliegen.«

Daphne begann mit der Niederschrift von *Rebecca*, während sie fern von ihrem geliebten Cornwall im ägyptischen Alexandria an Tommys Seite lebte und den Pflichten einer Offiziersgattin nachzukommen hatte. Sie fühlte sich nicht wohl in der heißen, staubigen Stadt und bemühte sich deshalb kaum, ihr Verständnis von Kultur und Menschen zu vertiefen. Da sie sich auch nicht frei genug fühlte, um als Frau allein auf Wanderungen zu gehen, und klagte, dass die Einheimischen nicht einmal Englisch sprächen, flüchtete sie sich mit ihrer Fantasie ins angenehm kühle und regnerische Cornwall. *Rebecca* enthält alle Elemente eines klassischen Schauerromans, jedoch die Sorgfalt, mit der Daphne die unheimliche, aber zugleich faszinierende Ausstrahlungskraft von Manderley ausgestaltet, zeigt deutlich, mit welch unmöglicher Hoffnung sie innerlich kämpfte, dereinst als Besitzerin in Menabilly einziehen zu können.

»Ich habe zu viel an Manderley gedacht«, lässt sie Max de Winter im Roman sagen. »Für mich kam Manderley an erster Stelle, vor allem andern. Und so eine Liebe kann nicht gedeihen.«

Daphne münzte den Vorbehalt nicht auf sich selbst. Verzicht war ein Fremdwort für sie, auf keinen Fall wollte sie sich kampflos geschlagen geben, und so setzte sie nach ihrer Rückkehr in England alle Hebel in Bewegung, um Dr. Rashleigh umzustimmen. Wahrscheinlich hatte dieser nicht mit der Hartnäckigkeit der jungen Erfolgsautorin gerechnet. Als er einsehen musste, dass sie nicht lockerlassen würde, genehmigte er ihr immerhin, sein Grundstück nach Belieben zu betreten. Ein kleiner Sieg für Daphne, deren Faszination für Menabilly mittlerweile an Obsession grenzte, sie machte ausgiebig von ihrem Recht Gebrauch und konnte somit auch für ihren Thriller *Rebecca*, der in Ägypten zum Stocken gekommen war, gründlichere Ermittlungen anstellen.

Mitten im Zweiten Weltkrieg besann sich Dr. Rashleigh ohne ersichtlichen Grund jedoch eines andern. Er verkaufte die ganze Inneneinrichtung von Menabilly und machte Daphne ein Angebot in Form eines zwanzigjährigen Mietvertrags. Die Miete war gemessen an der Größe des Anwesens gering, dafür aber musste sich Daphne verpflichten, für Unterhalt und Restaurierung aufzukommen. Freunde und Familie rieten ihr von diesem Abkommen ab. Vor allem Tommy, der gerade in Algerien stationiert war, sah in diesem Handel eine Gaunerei, die letztlich allein den Erben von Menabilly zugute kommen würde. Was würden er und Daphne davon haben?, fragte er. Das Haus sei in derart schlechtem Zustand, dass die Instandsetzung sie ein Vermögen kosten würde, und am Schluss würden nur die Rashleighs davon profitieren. Daphne sah Tommys Argument durchaus ein, aber zum einen war sie diejenige, die besagtes Vermögen ausgeben würde, denn Tommy verdiente nicht den Bruchteil dessen, was ihre Romane ihr einbrachten, und zum andern wollte und konnte sie den Handel nicht mit rationalen Überlegungen abwägen. »Lieber will ich mich übers Ohr hauen lassen, als es nicht haben«, konterte sie und zog nach den ersten Restaurierungsarbeiten an Weihnachten 1943 mit ihren Kindern und einer Haushaltshilfe ein. Die Kinder genossen den großen Park und die Wälder, fanden aber das Haus selbst bei Weitem nicht so paradiesisch wie ihre Mutter. Sie froren im Winter, und allerlei Ungeziefer, sogar Ratten, flitzten durch die Korridore, nicht zu reden von einem Flügel des Hauses, der jederzeit einzustürzen drohte. Daphne tat alle diese Nachteile als Bagatellen ab; sie hatte ihr Paradies und Glück in »mein Mena« gefunden.

Die Umgebung dieses neuen Zuhauses ist auch Schauplatz ihres Nachkriegsromans *Meine Cousine*

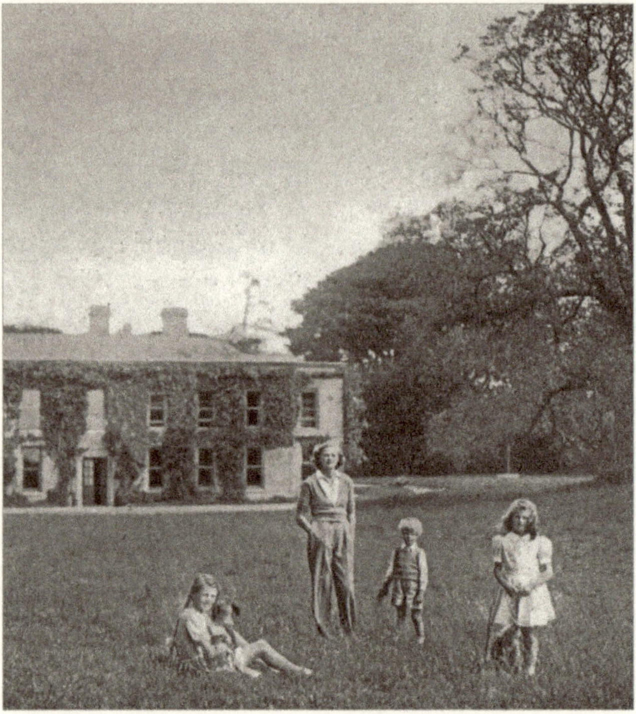

Die Bestsellerautorin 1945 mit ihren Kindern vor Menabilly Castle, dem Vorbild für Manderley im Erfolgsroman »Rebecca«

Rachel, der, wie zuvor *Rebecca*, sowohl als Buch wie auch als Film gleichzeitig die englischen und amerikanischen Bestsellerlisten stürmte. So populär ist *My Cousin Rachel* inzwischen in Cornwall, dass das Tourismusbüro der Grafschaft Führungen auf einem offiziellen fünf Meilen langen ›My Cousin Rachel-Spaziergang‹ anbietet, bei denen Teilnehmer die Orte besuchen, an denen der junge Erbe Philip und seine entfernte Cousine Rachel zusammen wandern und reiten. Der Roman läutet eine neue, vielschichtigere, aber auch dunklere Phase in Daphnes Schreiben ein, die nun Elemente des Übernatürlichen und Unerklärlichen in ihre Plots einflicht und die weibliche Hauptfigur weniger als Opfer brutaler Männer darstellt wie noch in *Jamaica Inn*, sondern als starke, ihr eigenes Schicksal bestimmende Heldin. Ist die schöne geheimnisvolle Cousine Rachel ein Engel oder ein Teufel? Eine unschuldige Witwe oder Giftmischerin? Daphne hütet sich, die Frage zu beantworten, und webt stattdessen ein dichtes Netz von Intrigen und Rätseln rund um ihre Figur, das eingebettet in Beschreibungen von bedrohlichen Landschaften für gesteigerte Spannung und Originalität sorgt. In den folgenden Werken, einer Reihe unheimlicher Short Storys, verfeinert sie diese Technik und nähert sich in ihren besten Geschichten ein Stück weit Katherine Mansfield an, die sie als Meisterin der literarischen Kurzform schon seit Jugendjahren als Vorbild verehrt.

Nicht alle Storys spielen sich in Cornwall ab –

Venedig und Griechenland etwa bilden überzeugende Kulissen für beunruhigende Geschehnisse –, aber in der berühmtesten, *Die Vögel*, bleibt Daphne ihrem Ort der Inspiration treu. Aus der Sicht eines kornischen Bauern erzählt, entwickelt sich die Geschichte plötzlich aggressiv gewordener Wildvögel vom harmlosen Ereignis zur menschheitsvernichtenden Katastrophe, und hier setzt sie nicht so sehr die raue Landschaft in Szene als vielmehr das ebenso raue Klima. Der Winter naht, ein eisigkalter Wind weht übers Land, die Leute flüchten in ihre warmen Stuben und müssen sich bald darin verriegeln, um dem tödlichen Ansturm der Vögel standzuhalten. Daphne gibt den Lesern indessen zu verstehen, dass es verlorene Mühe sein wird; die Möwen schaukeln zu Tausenden auf den Meereswellen, vom Raben zum Star, vom Spatz zur Amsel finden sich alle Vögel des Landes ein, um die vernagelten Fenster aufzupicken und die Dörfler zu massakrieren. Wiederum war es Alfred Hitchcock, der sich nach der Verfilmung von zwei Werken aus Daphnes Feder nun auch des Stoffes von *Die Vögel* annahm. Ihn kümmerte der Ort allerdings wenig, auch soll er nach eigener Aussage die Geschichte nur einmal flüchtig gelesen haben; was ihn interessierte, war nur die Idee von angreifenden Vögeln, weshalb er sich vollkommen frei fühlte, den Stoff nach eigenem Gutdünken zu überarbeiten: Der Vorfall wurde nach Bodega Bay in Kalifornien verlegt, die einfachen Leute von Cornwall durch gebildete Städter ersetzt und das seltsame Verhalten der Tiere, griechischen Rachegöttinnen gleich, mit unterschwelligen Familienspannungen zwischen den Figuren verbunden. Daphne war wütend; sie wollte das Grauen gerade nicht an die Frage hängen, wen und warum die Vögel angriffen, sondern aus der Einsicht der Betroffenen entwickeln, dass der Massenangriff weder einer Logik folgt noch einen tieferen Grund hat. Letztlich hatte Daphne bei der Verfilmung jedoch nichts zu sagen, und heute wissen die meisten Zuschauer nicht, dass Hitchcocks Kultfilm ihre gleichnamige Short Story zugrundeliegt.

Daphnes Glück in Menabilly dauerte bis zum Tod des Besitzers im Jahr 1969. Sie hatte sich seit dem Einzug dem Gedanken verwehrt, dieses Haus jemals verlassen zu müssen, weil es ihr, wie sie meinte, von ›Liebesrechts wegen‹ zustand. Der Erbe war anderer Meinung, und er hatte das Recht auf seiner Seite. Es folgte ein erbitterter Kampf zwischen den beiden, der Daphne an den Rand der Wahnsinns trieb, zumal sie wusste, dass sie keinerlei rechtliche Ansprüche auf Menabilly erheben konnte. Inzwischen lebte sie allein, Tommy war nach Jahren alkoholbedingter Krankheit 1965 gestorben und die Kinder ausgeflogen, und die Aussicht, für ein riesiges Anwesen zu kämpfen, das sie allein bewohnen würde, brachte sie schließlich zur Vernunft. Schweren Herzens gab sie Menabilly auf und mietete ein anderes, kleineres Haus der Familie Rashleigh im nahen Kilmarth, wo sie bis zu ihrem Tod zwanzig Jahre später bleiben durfte. Wie schon bei Menabilly floss Daphnes obsessive Beschäftigung mit Häusern und deren Geschichte auch im Fall von Kilmarth in ihr Schreiben ein. Kilmarth ist das Haus am Strand des gleichnamigen Romans, der zwar zu ihren weniger bekannten Werken gehört, aber interessanterweise verschiedene Epochen aus Cornwalls Geschichte in Übereinstimmung bringt. Die Hauptfigur, Richard Young, nimmt an einem Drogenexperiment teil, das ihn ins 14. Jahrhundert versetzt. Im Geist reist er immer wieder an denselben Ort zurück, trifft dort dieselben Leute und nimmt an ihrem Schicksal teil, während sein Körper in der Gegenwart bleibt. Diese Zeitreise erlaubt der Autorin, in die ferne Vergangenheit Cornwalls einzutauchen und die über die Jahrhunderte erfolgten geografischen und gesellschaftlichen Veränderungen aufzuzeichnen. In einer anderen literarischen Form hatte sie eben dies schon zwei Jahre zuvor getan. Zusammen mit ihrem Sohn Christian, der die Fotos zu ihrem Buch lieferte, ging sie auf eine geschichtliche Erkundungstour durch Cornwall, diesmal weniger, um Stoff für Geschichten zu sammeln, als um den über alles geliebten Landstrich noch tiefer zu verinnerlichen. In fünfzehn Kapiteln bringt sie ihren Lesern von der Artussage über die Gewinnung der Tonerde, vom Klima über den Fischfang und vom Aberglauben über die Adelsfamilien allerlei wissenswerte Aspekte Cornwalls nahe.

Sie nannte ihr Buch *Vanishing Cornwall* (*Verschwindendes Cornwall*) und ergänzte es dreizehn

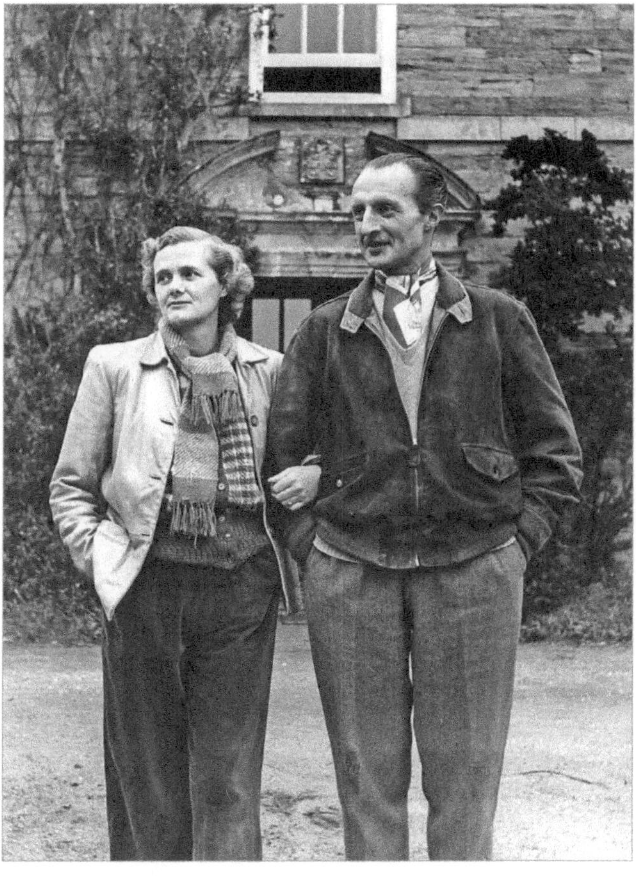

Daphne mit ihrem Ehemann Sir Frederick Browning, genannt Tommy, vor Menabilly Castle

Jahre nach Erscheinen mit einem Nachwort, in dem sie als ältere Dame von über siebzig Jahren das weitere Verschwinden Cornwalls einerseits betrauert und anderseits mit Hoffnung auflistet: »Par Bay, einst milchig weiß von den Strömen, die es befluteten, ist jetzt allzu oft ein trübes Braun, sei es von den Abflüssen oder dem ölverschmutztem Seetang – wer kann es sagen? Ich weiß nur, dass der Gestank mich und die Leute rundum entsetzt, wenn ich mit meinen Hunden am Strand spaziere, obwohl viele Besucher, die zum Schwimmen hierherkommen, davon keineswegs entmutigt scheinen ... Der Geist der hiesigen Leute in meiner Umgebung verändert sich nicht, und nach fünfzig Jahren, die ich in Cornwall gelebt habe, kann ich mit ihnen lachen, wenn sie von den ›emmets‹ sprechen, das kornische Wort für Fremde. Zu viele Häuser, Bungalows, Cottages, die sie selbst bewohnen könnten, werden für teures Geld an Sommergäste vermietet. Jemand profitiert, aber wer genau, kann ich nie herausfinden. Der Tourismusverband vielleicht. Mehr Wohnwagen, mehr Chalets, jedes Jahr ... Aber genug davon.«

Daphne du Maurier starb am 19. April 1989 an Herzversagen in Kilmarth; ihre Asche wurde über den Klippen von Fowey ins Meer gestreut. Die Stadt organisiert zu ihren Ehren alljährlich ein Literatur- und Kunstfestival rund um ihren Geburtstag am 13. Mai.

Barbara Hepworth

»Hier in Cornwall habe ich einen Hintergrund, der in der natürlichen Form der Steinstruktur und der Fruchtbarkeit an Yorkshire anknüpft, und er knüpft an Italien an wegen der Intensität des Lichts und der Farbe. Hier kann ich das ganze Jahr durch im Freien meißeln – ein Hintergrund, für den ich dankbar bin …«

Bildhauerinnen haben es schon immer schwer gehabt, sich in ihrer von Männern dominierten Kunstsparte zu behaupten. Mehr noch als Malerinnen oder Schriftstellerinnen wurde ihnen in vergangenen Jahrhunderten der Anspruch auf Ebenbürtigkeit von der Gesellschaft verwehrt, weil Stein und Bronze im Unterschied zu Pinsel und Feder als Arbeitsutensilien physische Kraft voraussetzen und diese dem schwachen Geschlecht zuzutrauen einer Abdankung des männlichen Vorrechts gleichgekommen wäre. In extremen Fällen konnte diese systematische Verneinung weiblicher Selbstverwirklichung tragische Folgen haben, wie das inzwischen gut dokumentierte Schicksal von Camille Claudel zeigt. Claudel scheiterte nicht nur im Versuch, mit ihren Skulpturen aus dem Schatten des großen Meisters Auguste Rodin zu treten, sondern musste für ihre ›Hybris‹ auch noch

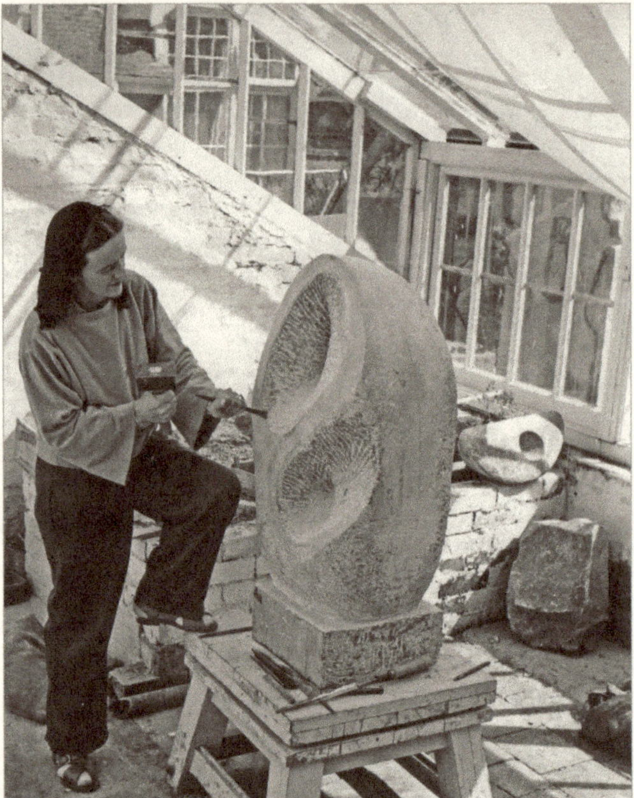

»Dieses Atelier ist alles, was ich begehre, um mein Schaffen zu entwickeln ...«

mit lebenslänglicher Internierung in einer Heilanstalt büßen.

Die britische Bildhauerin Barbara Hepworth hatte mehr Glück. Jahrgang 1903, wurde sie in eine Zeit hineingeboren, die sich nach dem eben zu Ende gehenden viktorianischen Zeitalter für weibliche Kunst empfänglicher zeigte, und vor allem beseelte sie, von Eltern und Lehrern darin unterstützt, seit Kindheit ein unumstößliches Vertrauen in ihre künstlerische Bestimmung. Selbst sie musste jedoch im Laufe ihrer Karriere immer wieder mit den gängigen Gender-Klischees kämpfen und sich die herablassenden Kommentare von Kunstkritikern gefallen lassen, die monumentale Steinskulpturen nicht mit weiblicher Schöpfung vereinbaren konnten. In einer der ersten Besprechungen ihrer Werke wurde sie als »ein reizendes Mädchen« beschrieben, »das niemand mit Hammer und Meißel assoziieren würde«. Das reizende Mädchen war zu diesem Zeitpunkt siebenundzwanzig Jahre alt und galt in der Londoner Kunstszene bereits als vielversprechende Wegweiserin der modernen britischen Bildhauerei. Ähnliche Sprüche plagten Barbara Hepworth ein Leben lang, auch dann noch, als sie, weltberühmt, zur Genüge bewiesen hatte, dass Frauenhände imstande waren, die härtesten Materien zu beherrschen: »Es ist umso erstaunlicher, dass eine der international berühmtesten Bildhauerinnen unserer Zeit eine zierliche und zurückhaltende Frau aus Yorkshire in den späten Fünfzigern ist«, musste Hepworth 1962 in der Zeitung *The Observer* lesen, wobei sie immerhin mit Genugtuung vermerkt haben dürfte, dass der Kritiker für die Bezeichnung ihres Berufs auf den weiblichen Begriff verzichtet hatte. Das Wort ›sculptress‹ war ihr ein Graus; vielmehr wollte sie wie ihre Freunde Henry Moore, Constantin Brâncusi und Henri Gaudier-Brzeska als ›sculptor‹ wahrgenommen werden und plädierte in Briefen und Artikeln bis zu ihrem Lebensende für eine geschlechtsneutrale Auffassung ihrer Kunst.

Der Name Barbara Hepworth ist heute untrennbar mit Cornwall verbunden, aber der Weg, der sie an die südwestlichste Spitze Englands führte, begann in der Stadt Wakefield im nördlichen Yorkshire, wo sie Kindheit und Jugend in einer warmherzigen und religiösen Familie verbrachte. Ein prägendes Erlebnis aus frühen Jahren waren die ausgedehnten Autofahrten mit dem Vater durch West Riding, einen Wahlkreis Yorkshires, den er zu vermessen und dessen Straßen und Brücken er hinsichtlich ihres Zustands zu überprüfen hatte. An seiner Seite erschloss sich ihr eine Landschaft von idyllischen Tälern, Hochmooren und dramatischen Felsschluchten; das Gebiet war aber auch Englands Mittelpunkt der industriellen Revolution gewesen, wovon allerorts die rauchenden Schlote von Kohlebergwerken und Fabriken ein ernüchterndes Zeugnis der voranschreitenden Naturverschandelung ablegten. Die kleine Barbara war sowohl von der unberührten Naturschönheit als auch von den sichtbaren Zeichen technologischen Fortschritts beeindruckt, doch beobachtete sie im Vorbeifahren auch die dem Wind und der Kälte ausgesetzten Arbeiterinnen auf ihrem Weg zur Arbeit, die Bergarbeiter vor ihren hässlichen Häusern, einsame, an einem Laternenpfahl lehnende Figuren – und erkannte Jahre später in diesen aufrecht in der Landschaft stehenden Menschen einen der wichtigsten ästhetischen Impulse ihrer Kunst. Der Mensch, so klein und schwach er auch ist, bildete in ihrem Empfinden eine himmelwärts strebende Vertikale, und von dieser Idee ausgehend begann sie sich vorzustellen, dass sich ›Steinbilder‹ aus dem Boden erheben und jeweils den Ort markieren, an dem ein Mensch in seiner stolzen Aufrechthaltung den geistigen Sieg über das Zeitliche und die Widrigkeiten des Lebens errungen hat. Solchen vertikalen Steinmalen, die Barbara Hepworth als erwachsene Künstlerin in Cornwall nicht nur kennenlernen, sondern auch selbst schaffen wird, haftete für sie eine tiefe mystische Komponente an: Sie seien, nach ihren eigenen Worten, sichtbare, inspirierende, ja fürs Überleben der Menschheit notwendige Fetische.

Einstweilen gehörten diese ›Steinbilder‹ noch der Fantasiewelt an, doch dies änderte sich, als Barbara mit sieben Jahren in der Schule einem Diavortrag über Bauten der Antike beiwohnte. Sie sah erstmals Bilder der Pyramiden sowie berühmter griechischer Tempel und Skulpturen und schrieb Jahrzehnte später in einem Brief, dass diese »erste Vision von ›Form‹ zwischen Himmel und Erde mich niemals verlässt.«

›Form‹ war Barbaras erste ästhetische Erkenntnis; dank Musik- und Tanzunterricht vermochte sie aber auch ihren Sinn für Rhythmus und Struktur zu verfeinern und in ersten Zeichnungen und Tonfiguren damit zu experimentieren. So erreichte sie in ihrer Kunst eine derart beeindruckende Meisterschaft, dass sie mit siebzehn Jahren ein Stipendium an der Leeds School of Arts bekam und ihr ein Jahr später, 1921, der große Sprung nach London zum Royal College of Art gelang. Sie reiste nicht allein in die Hauptstadt; ein fünf Jahre älterer Studienkollege aus Leeds, der ähnliche Ambitionen hegte wie sie und dessen Karriere über die Jahrzehnte auffallende Parallelen zu der ihren aufweisen sollte, wurde zur gleichen Zeit in die renommierte Kunstakademie aufgenommen. Die Rede ist von keinem Geringeren als Henry Moore, einem der größten Bildhauer des 20. Jahrhunderts, der Barbara ein Leben lang als Freund verbunden blieb, den sie aber gelegentlich auch als Rivalen empfand, gegen den sie sich mit ihrer Kunst immer wieder abgrenzen musste.

Tatsächlich werden Moore und Hepworth oft im gleichen Atemzug genannt, und nicht immer war Barbara Hepworth glücklich darüber. 1951 bedauerte sie, dass sie als Vertreterin moderner britischer Kunst auf der Biennale in Venedig von Publikum und Kritikern für eine Schülerin Moores gehalten wurde und ihre Skulpturen schlicht als ›Moore-ig‹ abgetan wurden. Solche Meinungen entmutigten sie indessen nur kurzfristig und hielten sie nie davon ab, ihren eigenen künstlerischen Weg zu gehen, auch wenn dieser, vor allem in der Vorkriegszeit, mit jenem ihres Freundes auffallende Ähnlichkeiten aufwies – mit einer großen Ausnahme. Barbara Hepworths Skulpturen streben in vertikale Höhe, ihre Figuren stehen und bilden selbst in Gruppen abgegrenzte Einheiten, während Moore eine Vorliebe für liegende Figuren und Figurengruppen hat, die miteinander zu einer Einheit verschmelzen.

Hepworth und Moore lernten im Londoner College neben Zeichnen vornehmlich die Methode des Gipsmodellierens von Figuren, die in einer zweiten Phase entweder in Bronze gegossen oder mit geeigneten Utensilien geschnitzt werden. Mit einem Gipsrelief von zehn anatomisch bestechend ausgeführten Figuren bewarb sich Hepworth 1924 für ein mehrjähriges Stipendium an der British School of Rome, musste sich aber trotz Lob und Achtung für ihr vielversprechendes Talent mit einem Reisestipendium begnügen. Als sie ein Jahr später aus Italien zurückkehrte, hatte sie zum Entsetzen der Jury jedoch kein einziges Werk vorzuweisen. Sie habe in Italien so viel gesehen, gelernt und erlebt, dass sie alle ihre Werke im Kopf habe, erwiderte sie darauf unverfroren, und als sie verkündete, dass sie in Rom John Skeaping, den Stipendiaten der Britischen Schule geheiratet habe, beschloss die aufgebrachte Jury, fortan keiner Frau mehr ein Stipendium zu erteilen.

Italien erwies sich für Hepworth als entscheidender Karriereschritt. Durch John lernte sie den Bildhauer

Giovanni Ardini kennen, der sie in die Kunst der Steinschnitzerei einführte und ihr eine lebenslange Liebe für Marmor vermittelte. Er lehrte sie, dass Marmor nicht einfach schönes, lebloses Material, sondern ein Stück Natur sei, das je nachdem, welche Hände es bearbeiten, die Farbe wechsle. Diese Ansicht bestätigte Hepworth in ihrer Auffassung von Stein als einer organisch auf seine Umwelt reagierenden Materie, aus der nur mit Liebe und tieferem Verständnis für ihre Beschaffenheit die vollendeten Formen herausgeschnitzt werden können, die der Künstler im Geist ersinnt.

Italien und vornehmlich die Toskana erschloss ihr aber auch Landschaften und einen Lebensstil, in denen das mediterrane Licht – ein so viel intensiveres Licht als das englische – ihre bisherige Wahrnehmung von Formen schärfte: »... wundervolles Reich des Lichts ...«, schrieb sie 1952 rückblickend, »Licht, das verwandelt und offenbart, das die Feinheiten von Form und Umrissen und Farben verstärkt und in dem die Dunkelheit – die Dunkelheit von Fenster, Tür oder Torbogen – als ein vollkommen neuer, greifbarer Gegenstand erscheint.«

Und Italien verwandelte sie auch persönlich: Sie verließ das Land nach einem Jahr als verheiratete Frau und Bildhauerin mit einer klaren Vision ihrer Zukunft.

Hepworth arbeitete ihr Leben lang an der Verwirklichung ihrer künstlerischen Vision, schuf über sechshundert Stein-, Holz- und Bronzeskulpturen und

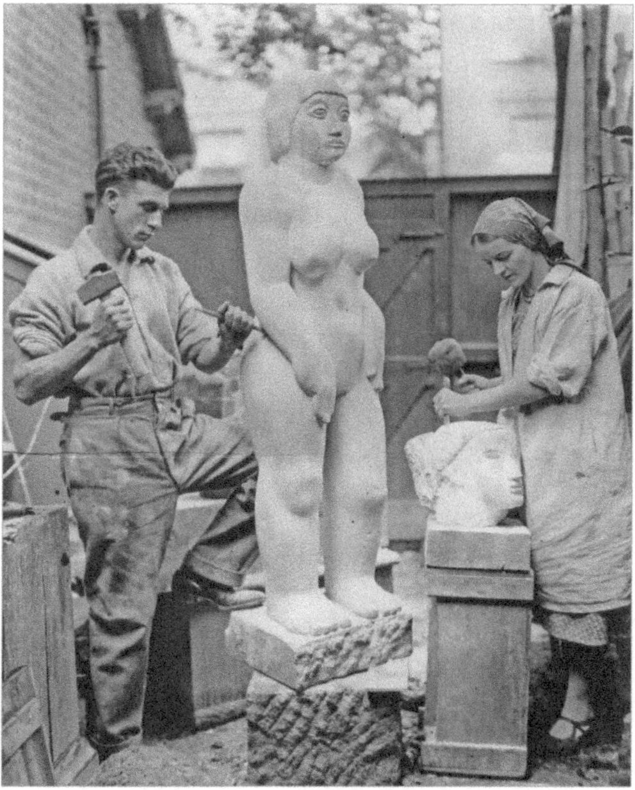

*Barbara Hepworth mit ihrem ersten Mann
John Skeaping um 1935*

erlangte internationale Anerkennung als Pionierin der modernen Plastik, die auf einzigartige Art dem Gegenständlichen – Mensch, Welle, geometrische Formen – ein vereinheitlichendes abstraktes Konzept zugrunde legt. Dieses immense Schaffen beeindruckt umso mehr, als es im Laufe der Zeit einem zeitweise turbulenten Privatleben abgerungen werden musste. Nach einem vielversprechenden Karrierestart in London als Bildhauerpaar und der Geburt des Sohnes Paul im Jahr 1929 ließ sich Hepworth 1933 von Skeaping scheiden, um ein neues Leben mit dem Maler Ben Nicholson anzufangen. Reibungslos ging der Übergang nicht über die Bühne; Nicholson blieb noch fünf Jahre mit seiner Frau Winifred liiert, pendelte zwischen Paris und London hin und her, während Barbara 1934 Drillinge zur Welt brachte und diese mehr oder weniger allein großziehen musste. Aus Tagebucheinträgen und Briefen an Nicholson und Freunde lässt sich nachvollziehen, wie schwierig und zermürbend es für sie war, die Rollen von Mutter und Künstlerin zu vereinbaren. Oft plagte sie das schlechte Gewissen, dass sie weder den Kindern noch ihrer Kunst gerecht werden konnte, und sie klagte über ständige Müdigkeit und Überforderung. Die Geburt von ›SRS‹, wie sie ihre Drillinge Sarah, Rachel und Simon nannte, konnte sie in guten Momenten aber auch als Segen betrachten, insofern sie ihr eine intensive menschliche Erfahrung schenkten, die sie direkt in die Steinbearbeitung einfließen lassen konnte: »Für mich gibt es einen besonderen kreativen

Genuss, den Geist zu zwingen oder zu leiten, Müdigkeit zu überwinden – natürlich macht einen dies noch müder, aber anderseits ist der Sieg so aufregend, dass er einem ermöglicht, selbst dies zu überwinden.«

Ein Jahr vor Kriegsausbruch ließ sich Ben Nicholson schließlich von seiner Frau Winifred scheiden und heiratete Barbara Hepworth. London indessen war nicht mehr das ideale Pflaster für Kunstschaffende; der in Spanien wütende Bürgerkrieg sowie der drohende Krieg in Europa wirkten sich nachteilig auf die Vermarktung von Kunst aus, Künstlerinnen und Künstler wanderten nach Amerika aus oder zogen sich aus der Stadt zurück, um der Dinge zu harren. So auch Familie Nicholson, die im August 1939 auf Einladung des Malerfreundes und Kunstkritikers Adrian Stokes nach Cornwall reiste und in dessen Haus Unterkunft fand.

Stokes' Haus lag auf der Anhöhe von Carbis Bay unweit von St. Ives, einem Fischerstädtchen, das aufgrund seiner idyllischen Lage und des milden, fast schon mediterranen Klimas unter englischen Künstlern besonders beliebt war. Barbara Hepworth war verzaubert von ihrer neuen Umgebung, fühlte sich, wie sie einmal sagte, auf Anhieb geistig zu Hause und begann schon in den ersten Tagen nach dem Umzug zu arbeiten. Die Skulpturen aus jener Zeit spiegeln ihre enthusiastische Reaktion auf den Ortswechsel wider, aber auch eine gewisse Sorge, in diesem schönen Exil den Anschluss an die Kunstwelt einzubüßen. Plötzlich bereichern satte Farben ihre sonst ganz auf Minimalistik bauenden Werke. Höhlungen werden ausgemalt, während die äußeren Flächen die ursprüngliche Tönung des Materials behalten. Zu dieser Farbenfreudigkeit gesellt sich auch ein neues, Hepworths Kunst fortan definierendes Element: Saiten. Diese Saiten, auch sie oft gefärbt, umspannen konkave Formen, schnüren sie – je nach Interpretation – zusammen oder stemmen sich gegen die Rundungen, um die Figur vor dem Kollaps zu bewahren. Die Saiten symbolisieren aber auch nach Hepworths eigenen Worten ihr weites, über die Jahre aufgebautes Beziehungsnetz gleichgesinnter Künstler, das der Krieg nun zu zerstören drohte. Wenn diese Saiten auch später, nach einer prägenden Griechenlandreise, zusätzlich die Leier des Sängers Orpheus und allgemein die Musik darzustellen begannen, lässt sich der Einsatz von Farbe und Saiten als eine direkt von Cornwall inspirierte Bereicherung in Hepworths Ausdrucksmitteln werten. *Sculpture with Colour* (wegen der blauen Innenseite und der roten Saiten auch *Deep Blue and Red* genannt) aus dem Jahr 1940 veranschaulicht diese starke Wirkung Cornwalls auf Hepworth besonders deutlich: »Die Farbe in den Konkavitäten stürzte mich in die Tiefen von Wasser, von Höhlen, von Schatten, die tiefer waren als die Konkavitäten selbst. Die Saiten waren die Spannung, die ich spürte zwischen mir und dem Meer, dem Wind und den Hügeln.«

Für Hepworth war das Ausmeißeln von Formen ein zutiefst physischer Prozess, ja, eine Art körperliche Identifizierung mit dem Objekt, sodass sie sich gleichzeitig als die außenstehende Meißelnde und die unter ihren Händen entstehende Skulptur empfand. Das Aushöhlen des Steins verglich sie mit dem steten Anschlag der Wellen gegen eine Felswand, und die so entstehenden Rundungen und Vertiefungen mit der menschlichen Körperform. Nach den anregenden, aber hektischen Jahren in London erlebte Hepworth erstmals die alltäglich beruhigende Wirkung der Natur auf den eigenen Körper und wusste schon nach wenigen Tagen, dass sie Cornwall nicht mehr würde verlassen können.

Die Nicholsons zogen nach ein paar Monaten in ein eigenes Haus in Carbis Bay, doch erlaubte der enge Raum weder Barbara noch Ben, sich künstlerisch zu verwirklichen. Am meisten litt Barbara, die davon träumte, sich an größere Skulpturen zu wagen, und zudem immer noch mit Hausarbeit und Kinderbetreuung voll ausgelastet war: »Ich habe langsam entdeckt, wie ich 30 Min. schaffen, 40 Min. kochen, dann nochmals 30 Min. schaffen und 50 Min. auf die Kinder aufpassen kann, usw. durch den ganzen Tag.«

Der Traum von den Monumentalskulpturen musste aber nicht nur wegen Zeitmangel auf Eis gelegt werden, sondern wegen der kriegsbedingten Schwierigkeit, an größere Mengen Material, ob Marmor oder Holz, heranzukommen. Barbara schuf in jenen sporadischen dreißig Minuten vermehrt Zeichnungen und Bilder, abstrakte, an Kristallstrukturen erinnernde Arbeiten, die in ihrem Empfinden als auf zwei Dimensionen reduzierte Skulpturen gewürdigt werden sollten und sich in jenen Jahren denn auch leichter verkaufen ließen als teurere, Raum einnehmende Plastiken.

Nach einer siebenjährigen Zwischenzeit in einem größeren Haus in Chy-an-Kerris mit angrenzendem Atelier und Panoramablick auf die Bucht von Carbis fand Barbara Hepworth schließlich in St. Ives das ideale Haus, um die tausend Ideen zu verwirklichen, die während der Kriegsjahre in ihr gereift waren. Die Ehe mit Ben Nicholson stand nicht mehr zum Besten, zu viele aufreibende Alltagsprobleme und die akute Knochenmarkentzündung der Tochter Sarah hatten die anfängliche Begeisterung künstlerischen Einklangs zermürbt. Zudem begannen sie auch in ihrem künstlerischen Weg auseinanderzugehen; Barbara wollte ihre Skulpturen zunehmend als Ausdruck eines sozialkritischen und politischen Engagements verstanden wissen, während Nicholson weiterhin von jeglichen Konzepten und Bedeutungen losgelöste Bilder malte.

Im September 1949 erstand Barbara bei einer Auktion für sich ein Gebäude aus der Jahrhundertwende mit ummauertem Garten im Herzen von St. Ives, in dem sie nicht nur in aller Ruhe arbeiten, sondern von 1950 an auch leben konnte. Trewyn Studio, erkannte sie auf Anhieb, war der ersehnte ideale Ort, nach dem sie ein Leben lang gesucht hatte. »Es wirkt sich zutiefst auf mein ganzes Leben und Schaffen aus«, schrieb sie begeistert an eine Freundin. »Dieses

Atelier ist alles, was ich begehre, um mein Schaffen zu entwickeln und mir Frieden zu geben. Es wird eine Freude sein, an einem solch vollkommenen Ort, sowohl ruhig als auch abgeschieden, zu meißeln. – Garten und Vorplatz von hohen Bäumen und Dachfirsten geschützt, sodass ich fast das ganze Jahr durch im Freien arbeiten kann.« Selbst Nicholson, der nie darin wohnen sollte, war beeindruckt – und neidisch. Er fand Trewyn mit seinem Rosengarten und den Palmen romantisch und die Lage zwischen Meer und Kirche ideal, ja so ideal, dass er bei der Auktion befürchtete, es würde in die falschen Hände geraten und in ein Café oder einen Jahrmarktsplatz verwandelt werden.

Barbara Hepworth lebte bis zu ihrem Tod im Jahre 1972 in Trewyn und gestaltete es im Laufe der Zeit in einer Weise aus, dass es gleichzeitig Wohnhaus, Atelier und Galerie sein konnte. In Briefen und Interviews betonte sie immer wieder, wie glücklich sie sich an diesem Ort fühlte, einem Haus, in dem sie endlich Wurzeln schlagen und in dessen liebevoll von früheren Besitzern gestaltetem Garten sie die Verbundenheit von Mensch und Landschaft täglich erleben konnte.

So sehr sie Trewyn liebte und es fortan vermied, es für längere Zeit zu verlassen, betrachtete Barbara ihr neues Zuhause nicht als ihr Eigentum, sondern als ein Allgemeingut, das sie als inspirierende Leihgabe betreuen durfte und zum Dank für die glücklichen Jahre für die nächsten Generationen erhalten wollte.

Urlaub im Sinne von Erholung von der Arbeit waren für sie nie wirklich eine Notwendigkeit gewesen, doch hier in Trewyns lichtdurchfluteten Räumlichkeiten und dem üppigen subtropischen Garten erübrigten sie sich vollends. Reisen nach London, Paris, New York oder Venedig waren aufgrund ihres wachsenden Bekanntheitsgrades unvermeidlich, auch wollte sie ihre in aller Welt verstreuten Künstlerfreunde – Naum Gabo, Hans Arp, Piet Mondrian, Constantin Brâncusi, Alexander Calder, um nur die wichtigsten zu nennen – nicht aus den Augen verlieren; stets zog es sie aber schon nach wenigen Tagen nach St. Ives in ihr Atelier zurück.

Warum St. Ives?, wurde sie einmal von der BBC gefragt. Ihre Antwort fasste in wenigen Worten zusammen, welche Eigenschaften sie an ihren Wohnort band, und unter diesen hob sie den sozialen Zusammenhalt unter den Einwohnern hervor, der, wie sie meinte, für das Leben eines Künstlers besonders wichtig sei.

In der Tat kapselte sich Barbara in Trewyn nicht etwa ab, sondern suchte den Kontakt zu den Einwohnern und wollte Trewyn als Arbeits- und Ausstellungsort als Teil von St. Ives verstanden wissen. An sogenannten ›Tagen des offenen Ateliers‹ öffnete sie ihre Tür und ließ die Besucher durch Haus und Garten spazieren, immer bereit, ihnen ihre Kunstwerke und Arbeitsweise zu erläutern. Wenn sie nicht meißelte oder malte, arbeitete sie im Garten, gestaltete neue Wege, pflanzte und stutzte und schuf so über die Jahre ein kleines Freilichtmuseum, in dem sie größere Plastiken wirkungsvoll zur Schau stellen konnte. Was sie damit anstrebte, war ein Verständnis von Kunst als sinnliches Erlebnis; nicht nur befürwortete sie, dass man ihre Skulpturen berührte, um Textur und Formen zu spüren, sondern lud Betrachter auch ein, wo geeignet, durch sie hindurchzugehen und dadurch zu erfahren, wie Innen- und Außenraum nahtlos ineinander übergehen.

Nebst den Saiten, die Barbara nach ihrer Niederlassung in Cornwall in viele ihrer Skulpturen einspannte, ist der Hohlraum wahrscheinlich das typischste Merkmal ihrer Kunst und einer der wichtigsten Grundsteine ihres künstlerischen Credos. Bereits 1931 hatte sie sich mit einem kühnen Kunstgriff von der traditionell in der Bildhauerei gepflegten geschlossenen Form losgesagt; wie der Titel besagt, weist *Durchbohrte Form* ein Loch auf, das als Negativraum die Ästhetik der ganzen Form ebenso mitgestaltet wie die Materie selbst. Diese im Krieg zerstörte Alabasterskulptur gilt als die erste Plastik mit Loch in England, entstanden ein Jahr vor dem sogenannten ›Jahr des Loches‹ 1932, in dem Henry Moore begann, dieses Stilmittel in seine Werke zu integrieren. Für Hepworth bedeutete die Durchbohrung von Skulpturen den Weg zu einer sinnlicheren Erfahrung der drei Dimensionen und dem Zusammenspiel von begrenztem Raum und dem Unendlichen. In Cornwall erweiterte sie die Durchlöcherung auf immer größere Werke, Monumentalskulpturen in Marmor und Bronze, die in direktem Kontakt mit ihrer Umwelt zu stehen hatten. Ihre Oberflächen waren bald glatt wie die vom Meer geschliffenen Kiesel und Steine, bald schrundig wie die von Moos und Flechten überzogenen Felsbrocken in der rauen Küstenlandschaft. Muscheln, Treibholz, Stein: Jedes Naturelement, das Hepworth auf ihren Streifzügen in Cornwall beobachtete, fand in abstrahierter Form Einlass in ihre Kunst. Doch wie schon damals auf den Autofahrten mit dem Vater durch Yorkshire faszinierten sie in Cornwall am meisten der Mensch und seine Beziehung zur Landschaft, in der er, schwach und unscheinbar, von der allmächtigen Natur überwältigt scheint, ihr aber in seiner aufrechten Haltung eine stoische Kraft entgegenstellt.

Hohe, himmelwärts strebende Figuren entstehen in Trewyn, meist mit Löchern, durch die das Unendliche fließen kann und Mensch und Natur sich berühren. Kritiker sprechen in diesem Zusammenhang von Hepworths ›Tür-Angst‹; tatsächlich neigte sie immer mehr dazu, ihre Figuren dem offenen grenzenlosen Himmel auszusetzen, und maß dem Ort, an dem eine Skulptur zu stehen hatte, vermehrt Bedeutung zu; selbst in geschlossenen Räumen wie etwa in Museen oder Galerien bedang sie sich das Mitbestimmungsrecht bezüglich der Standorte aus, damit Distanzen und Lichteinfälle die Linien und Kurven der Objekte möglichst effektvoll hervorhoben.

Als Mutter von vier Kindern und allmählich in die

Gemeinschaft von St. Ives eingebunden, begann sie den Menschen nicht mehr nur als ein isoliertes Element in der Landschaft zu betrachten, sondern schuf auch größere Gruppen von Figuren, die physisch zwar voneinander losgelöst, aber ästhetisch in engem Zusammenhalt stehen.

Die Gruppe *The Family of Man*, die fünf Jahre vor Hepworths Tod entstand, gilt in dieser Kategorie wohl als ihr Meisterwerk. Figuren, die vom Kind bis zum Greis verschiedene Stadien des menschlichen Daseins symbolisieren, stehen Totems ähnlich in der Landschaft und in einer Weise angeordnet, dass man sie von allen Seiten erkunden kann, in dem Gefühl, selbst Teil der Gruppe zu sein. Von diesen insgesamt neun Bronzefiguren lassen sich zwei Gruppen vollzählig besichtigen, und zwar im Donald M. Kendall Sculpture Garden am Hauptsitz der Firma PepsiCo, New York, und im Yorkshire Sculpture Park in Hepworths Geburtsort Wakefield, wo auch die umfangreichste Sammlung von Henry Moores Skulpturen untergebracht ist. Vier weitere Gruppen wurden gegossen, doch sind sie in aller Welt als Einzelskulpturen verteilt. So steht etwa einer der Greise in Columbus, Ohio, vor dem gleichnamigen Museum, ein anderer auf dem Campus der Birmingham University in England, und ein Exemplar von *The Bride* im Art Institute von Chicago.

Hepworths freistehende Skulpturen greifen die alte Tradition der neolithischen Menhire wieder auf, die Cornwalls Landschaft prägen. Der Vergleich mit diesen natürlichen Steinskulpturen springt ins Auge, aber eindrücklicher noch ist es für Besucher von Cornwall, von St. Ives weiter südwestlich Richtung Penzance zum Dorf Morvah zu reisen, in dessen Nähe drei Steine aus der Bronzezeit jährlich eine große Schar von Touristen anziehen. Zwei der Steine sind herkömmliche vertikal aus der Erde ragende Granitsteine, der mittlere indessen ist ringförmig, mit einem Durchmesser von über einem Meter und einem weiten Loch. Im Mittelalter wurden diesem Steinring Heilungskräfte zugesprochen, insbesondere glaubte man, dass rachitische Kinder, die neunmal durch dieses Loch gereicht wurden, von ihrer Krankheit befreit würden. Diese berühmten, *Mên-an-Tol* (kornisch für ›Stein des Loches‹) genannten Steine könnten aus Hepworths Werkstatt stammen, so sehr entsprechen sie in Form, Textur und Anordnung ihren mehrheitlich aus Bronze geschaffenen Skulpturengruppen der Spätzeit. Allein in Penwith, der Region rund um St. Ives, existieren heute noch über siebzig solcher stehenden Steine, die Hepworth in ihrem Empfinden stärkten, dass ihre Ankunft in dieser urtümlichen keltischen Landschaft letztlich ein Nachhausekommen gewesen war.

Nach der Trennung von Ben Nicholson gelang es Hepworth, sich dank einer Londoner Galerie finanziell abzusichern, die sich vertraglich zu regelmäßigen Ausstellungen ihrer Werke verpflichtete, ihr aber gleichzeitig erlaubte, von Cornwall aus Werke direkt

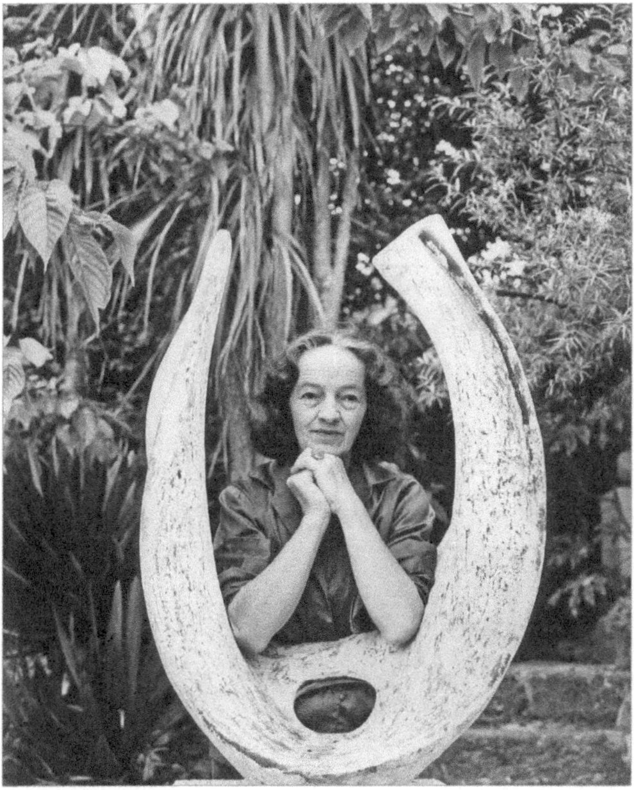

»Ich denke, dass der Name ›Gravyor‹ zu mir passt ...«
Barbara Hepworth 1961

zu verkaufen. Ihre wachsende Zusammenarbeit mit Galerien bedingte jedoch, dass die Bearbeitung von Marmor und Holz etwas in den Hintergrund geriet und stattdessen vermehrt Bronzefiguren entstanden, die serienmäßig gegossen und somit gleichzeitig an verschiedenen Orten zum Verkauf angeboten werden konnten. Für die Bildhauerin bedeutete dies keine Abweichung vom eigenen Weg zugunsten von kommerziellem Erfolg, sondern eine Möglichkeit, die Größe ihrer Skulpturen ins Monumentale zu erhöhen und das Potenzial natürlicher Veränderungen des Materials wie Patina, Moos und Flechten künstlerisch auszuschöpfen. Überlebensgroße Werke zu schaffen verlangte aber auch die Anstellung von Assistenten, die ihr einen Teil der physischen Arbeit abnehmen konnten; im Unterschied zu anderen Bildhauern modellierte sie das Gipsmodell einer Bronzefigur nämlich nicht in verkleinertem Format, sondern gleich in der Originalgröße, und dies wiederum erforderte den Bau von Gerüsten und Treppen, was sie niemals allein hätte bewältigen können. 1961 kaufte sie eigens für solche Monumentalprojekte den alten Kinosaal gegenüber von Trewyn, den sogenannten *Palais de Dance*.

Hepworths Werk, so abstrakt und kühl geometrisch es sich auf den ersten Blick auch präsentiert, enthält eine starke spirituelle Komponente, die im weitesten Sinn auch als religiös zu verstehen ist. Mit Eltern aufgewachsen, die sich der Christlichen Wissenschaft verpflichteten, hielt sich Hepworth bis zu ihrem Tod an diese Lehre, die das Gute in den

Mittelpunkt der Lebensführung stellt und dem Gebet heilende Macht zuspricht. Während der 1950er-Jahre in Cornwall wandte sie sich der Religion ihrer Familie vermehrt zu, nachdem sie nacheinander mehrere Schicksalsschläge erlitten hatte. Die Trennung von Ben Nicholson 1951 verlief kameradschaftlich, und beide blieben bis zu seinem Umzug in die Schweiz im Jahr 1958 sowohl wegen der gemeinsamen Kinder als auch aus gegenseitigem Interesse für ihre Kunst in Kontakt; dennoch hinterließ der Verlust des Partners eine tiefe Verwundung, die sie nie ganz überwand. Die größte Tragödie ihres Lebens jedoch ereignete sich im Februar 1953, als ihr Sohn Paul aus erster Ehe, ein Pilot der Royal Air Force, bei einem Flugzeugabsturz in Thailand ums Leben kam. Auf die Nachricht, die sie in Form eines Telegramms erreichte, reagierte sie zuerst mit Schock, Erstarrung und Verneinung. Die an ihr Atelier angrenzende anglikanische Kirche St. Eia bot ersten Trost, und sie spendete dieser im folgenden Jahr als Dank denn auch eines ihrer Werke, eine fast reliefartige *Madonna mit Kind*, die zu den gegenständlichsten Skulpturen aus ihrer Hand zählt. Aber der Schmerz blieb, und als fünf Jahre später auch ihr Vater starb, reflektierte sie über die Bedeutung der Religion für ihr Schaffen mit folgenden Worten: »Plötzlich, sei es in unbewusster Würdigung des Lebens oder in der Pein, die Verzweiflung zu bewältigen, lässt man die göttliche Kraft herein, und da ist das Werk, unweigerlich vollendet, zeitlos und unveränderlich.«

Hepworth weigerte sich stets, das persönliche Schicksal direkt in ihr Werk einfließen zu lassen, aber als Betrachter kann man nicht umhin, das himmelwärts Strebende in ihren späteren Skulpturen als eine Art religiöse Anrufung aufzufassen. Ihr Glaube an das Gute bewegte sie, über die persönliche Trauer hinweg an nächste Generationen zu denken und ihre Hinterlassenschaft auf eine Weise zu sichern, dass jüngere Künstler, aber auch ganz allgemein die Menschheit eine bessere Welt erben mögen. In der Zeit des Kalten Kriegs engagierte sie sich für die nukleare Abrüstung, und durch ihre Freundschaft mit dem UNO-Generalsekretär Dag Hammarskjöld, dessen verfrühter Tod durch einen Unfall 1961 ein weiterer Schicksalschlag für sie war, festigte sich ihr Glaube an einen möglichen Weltfrieden und fühlte sie sich inspiriert, ihren Steinen »eine größere Ideenreinheit« einzuhauchen. Im gleichen Sinn ordnete sie an, dass das eigene Wohnatelier Trewyn mitsamt Garten nach ihrem Tod als Museum Besuchern weiterhin die Möglichkeit geben sollte, ihre Skulpturen zu besichtigen.

Kunst zu vermitteln und den Dialog mit der Gemeinschaft zu fördern, in der sie sich als Frau und Bildhauerin so frei entfalten konnte, bewegte sie auch, zusammen mit andern Künstlern in St. Ives eine Gesellschaft zu gründen, die *Penwith Society of Art*, deren Mitglieder eine modernere, sprich abstraktere Auffassung von Kunst unter die Leute bringen wollten als die üblichen Meereslandschaften, die in den zahlreichen lokalen Galerien angeboten wurden. Die Gesellschaft existiert noch heute und gehört neben der Tate St. Ives und Trewyn zu den wichtigsten touristischen Attraktionen des Ortes. Zahlreiche Kunstpreise sowie die Adelung durch Königin Elizabeth 1965 festigten Hepworth' Standort in der internationalen Künstlerszene, doch auch lokal wurde sie für ihren künstlerischen Beitrag gewürdigt. Zusammen mit dem Töpferfreund Bernhard Leach wurde ihr von der Stadt St. Ives die *Honorary Freedom of the Borough* verliehen, eine Auszeichnung, die sie zum Barden Cornwalls kürte und wofür sie in einer urtümlichen Zeremonie mit dem keltischen Namen für Bildhauer *Gravyor* getauft wurde. Sie war zutiefst berührt von der Musik und dem Gesang in keltischer Sprache und schrieb danach: »Ich denke, dass der Name ›Gravyor‹ zu mir passt und sehr wohl auf meinem Grabstein stehen könnte als Zeichen meiner Liebe für das Land und seine Leute.«

Barbara Hepworth kam am 20. Mai 1975 bei einem Brand in ihrem Atelier ums Leben.

Neben den Museen in St. Ives gibt es seit 2011 das *Hepworth-Wakefield* Museum in ihrem Geburtsort in Yorkshire, in dem ein beträchtlicher Teil ihres Nachlasses besichtigt werden kann, und zwar wie in Trewyn selbst nicht nur fertige Werke, sondern Modelle, Vorlagen und Werkzeuge, die die verschiedenen Stadien ihres Schaffensprozesses dokumentieren.

Virginia Woolf

»Warum bin ich immer so unglaublich & unheilbar romantisch, was Cornwall angeht?«

Am 1. Juni 1877 fand im kornischen Städtchen St. Ives die feierliche Einweihung eines Bahnhofs statt, der, ursprünglich im Hinblick auf den Transport von Fisch und Gemüse nach London gebaut, einen unerwarteten Tourismusboom in Gang setzte. Erstmals konnten Familien aus dem Mittelstand direkt von der Hauptstadt in die sonnigeren Gegenden des Westens reisen, ohne in Penzance und St. Earth umsteigen zu müssen, und tatsächlich strömten sie in den nächsten Jahren in Scharen herbei, kauften oder mieteten Häuser mit Garten und Sicht aufs Meer, um den Sommer fern von der Stadt in der unberührten Natur zu verbringen. Zehn Stunden musste man im Zug sitzen und mehr als 500 Kilometer durch die lieblichen Grafschaften des Südens fahren, bevor man die goldenen Strände und dramatischen Klippen Cornwalls erreichte: Eine Reise, die Leslie und Julia Stephen mit ihren acht Kindern und dem Hauspersonal erstmals im Jahre 1882 antraten.

Die jüngste Tochter Virginia war damals gerade ein paar Monate alt; bis zu ihrem zwölften Lebensjahr

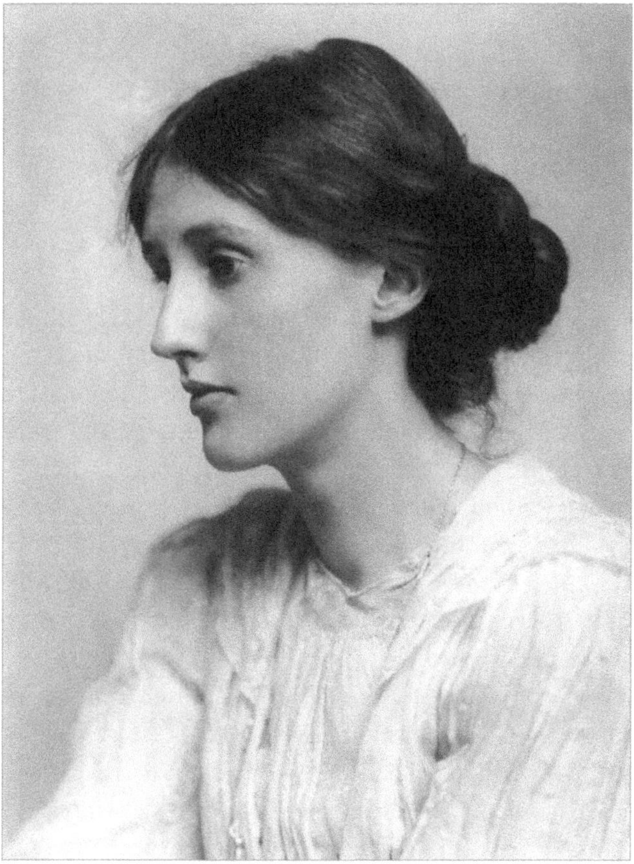

»... die Luft ist so weich wie Daunen ...«
Virginia Woolf über Cornwall

verbrachte die Familie die langen Sommer in Talland House, einem geräumigen viktorianischen Haus mit abfallendem Garten und Sicht auf den neuen Bahnhof und die Bucht von Porthminster.

»Wahrscheinlich war nichts, was wir als Kinder hatten, uns so wichtig wie unser Sommer in Cornwall«, schrieb sie Jahrzehnte später. »Unser eigenes Haus zu haben, unseren eigenen Garten – die Bucht zu haben, dieses Meer und den Hügel; das Clodgy- und das Halestown-Moor, die Bucht von Carbis, Lelant, Zennor, Trevail, die Spitze von Gurnhard: zu hören, wie die Wellen brechen in jener ersten Nacht hinter den gelben Gardinen, im Logger zu segeln, im Sand zu buddeln, über die Felsen zu klettern ... Ich könnte Seiten füllen, mich nacheinander an dieses und jenes erinnernd, das den Sommer in St. Ives zum bestmöglichen Anfang eines Lebens machte.«

Verglichen mit dem Alltag in London bedeuteten die Ferien in St. Ives für die junge Virginia vollkommenes Glück und, wie sie sich selbst ausdrückte, »reinste Ekstase«.

Keine privaten Latein- und Griechischstunden im dunklen Wohnzimmer, keine braven Spaziergänge im Kensington Garden unter der Aufsicht von Hausmädchen, sondern tagsüber frei sich im Sand tummeln, baden und in den Gezeitentümpeln nach Krabben und Muscheln Ausschau halten, im Garten mit den Geschwistern Cricket spielen und dann am Abend auf die Jagd nach Nachtfaltern gehen, und wenn die Erwachsenen unter sich beisammensaßen, auf dem grünen Plüschsofa Geschichten im Stil von Hawthorne schreiben.

Selbst Virginias strenger und kaum je zu emotionalem Lob neigender Vater bezeichnete Talland House als ein »Taschenparadies«, das überdies den Vorteil habe, über einer selbst für die kleine ›Ginia‹ leicht zugänglichen Bucht zu liegen.

Die Bedeutung dieses Hauses für Virginia Woolfs späteres literarisches Schaffen kann nicht genug betont werden. In ihm sammelte sie die allerersten Eindrücke, die, nach ihren eigenen Worten, die Basis für ihr ganzes Leben bildeten. Sie führt insbesondere drei Erlebnisse auf, die sie als entscheidende Weichen ihres Denkens und Empfindens aus der Fülle der Ferien- und Familienerlebnisse herauskristallisiert. Als Erstes erinnert sie sich, im Halbschlaf die heranrollenden und brechenden Wellen hinter den gelben Gardinen gehört zu haben, die, vom Wind aufgebauscht, die Eichel der Zugkordel über den Boden schleiften, und gleichzeitig das Spritzen des Wassers zu vernehmen und das Licht zu sehen und zu fühlen: »... dass es beinahe unmöglich ist, dass ich hier sein soll; die reinste Ekstase zu fühlen, die ich mir vorstellen kann.«

Rückblickend assoziierte sie die flüchtigen und doch ein Leben lang als Erinnerung andauernden Erlebnisse im Kinderzimmer mit einer Palette von Farben: das blasse Gelb der Gardinen, das Grün des Meeres und das Silber der großen, sternenförmigen Passiflorablüten, die sich an der Mauer des Hauses emporrankten. Aber ebenso stark wirkten die fremden Laute und

Geräusche auf sie ein, die ihr, wie etwa das Krächzen der Saatkrähen, in der Luft über Talland House gleichsam zu schweben und nur sehr langsam niederzusinken schienen. So wie die Krähen krächzten, brachen die Wellen – eins, zwei, eins, zwei –, und beides zusammen schrieb sich auf immer in ihr Gedächtnis ein als ein melodisches, rhythmisches Muster, nach welchem sie später ihre unvergleichlichen poetischen Sätze gestalten sollte.

Für das Stadtkind Virginia hielt auch der Garten von Talland House besondere sinnliche Eindrücke bereit. Auf dem Weg hinunter zum Strand hielt sie eines Tages mitten im Garten überwältigt inne, als sie die auf Augenhöhe am Baum reifenden Äpfel riechen konnte und zugleich die Wärme der Sonne auf der Haut spürte und das Summen der Bienen sowie das sanfte Rascheln der Blätter hörte. Es war dies eine derart einschneidende Sinnesverzückung, dass sie Jahrzehnte später noch intakt in ihr aufleben und ihr wirklicher als die Gegenwart scheinen konnte.

Woolf hat sich in ihrem Werk – in den Romanen und Kurzgeschichten sowie in den Essays und Tagebüchern – auf ihre eigene Art und Weise auf die Suche nach der verlorenen Zeit gemacht. Anlass zu ihrer Suche sind diese ersten Erinnerungen von Talland House, die in immer neuen Variationen in ihrer Prosa auftauchen. Wie für Proust lautete auch für Virginia die Frage, inwieweit Erinnerungen an die Vergangenheit bewusst in die Gegenwart herangeholt und als Wirklichkeit wiedererlebt werden könnten, anstatt bloß in willkürlichen Momenten aufzublitzen, um dann wieder zu verschwinden. »Momente des Seins« nennt Virginia diese begnadeten Erlebnisse und denkt sich eine Zukunft aus, in der der Mensch einen Mechanismus erfunden haben wird, der ihm ermöglicht, besonders tief verwurzelte Erinnerungen anzuzapfen. »Anstatt sich hier an eine Szene zu erinnern und dort an einen Klang, werde ich einen Stecker in die Wand montieren; und in die Vergangenheit horchen. Ich werde im August 1890 auftauchen (Sie schrieb diese Zeilen im Jahr 1939, A. L.). Ich fühle, dass starke Emotion ihre Spur hinterlassen muss; und dass es bloß darum geht herauszufinden, wie wir uns wieder an sie binden können, sodass wir unser Leben von Anfang an werden durchleben können.«

Diese ersten Bilder und Gerüche in Talland House bilden für Woolf den Ausgangspunkt für eine Philosophie des Erinnerns, die sie im Laufe der Jahre verfeinern und mittels der Erzähltechnik des *stream of consciousness* auf meisterhafte Art in ihre literarischen Werke einweben wird. Aber Talland House ist nicht nur erinnerte Idylle, sondern auch Ort verstörender Erlebnisse mit traumatischen Folgen. Der kleine Spiegel im Wohnzimmer weckt in dem jungen Mädchen ein unerklärliches Gefühl der Scham. Wenn sie sich allein wähnt, betrachtet sie ihr Gesicht darin, und obwohl sie weiß, dass es schön ist – die Frauen mütterlicherseits sind für ihre Schönheit berühmt –, kann sie sich nicht eingestehen, dass sie Gefallen daran findet. Sie, die in sich eine »natürliche Liebe für Schönheit« hegt, empfindet Angst vor der eigenen und wird ein Leben lang Spiegel und alles, was mit der Zierde des Körpers zu tun hat – Schminken, den Gang ins Modegeschäft oder zum Friseur –, verabscheuen. Die puritanische Erziehung allein macht sie nicht für ihr gestörtes Verhältnis zum eigenen Körper verantwortlich, sondern auch und vor allem die sexuellen Übergriffe, die sie vonseiten ihres zwölf Jahre älteren Halbbruders Gerald Duckworth als kleines Mädchen in Talland House über sich ergehen lassen musste. Die Erinnerung daran prägte sich ebenso klar in ihr Gedächtnis ein wie das Brechen der Wellen und Summen der Bienen, doch wenn diese auch ein bleibendes Misstrauen in ihre Weiblichkeit, ja gar Frigidität zur Folge hatte, blieb Talland House und Cornwall allgemein in ihrem Empfinden dennoch der Ort, in dem ihr das vollkommenste Glücksgefühl beschert worden war.

Talland House wurde in den 1950er-Jahren in fünf separat verkaufte Wohnungen aufgeteilt, hat sich aber inzwischen zu einem Pilgerort für Woolf-Fans entwickelt und verfügt sogar über eine eigene Facebookseite mit Fotos vom kürzlich neu gestalteten Garten und der im September 2022 erfolgten Enthüllung einer Gedenktafel für die berühmte Autorin, die zehn Sommer darin verbracht hat. Zu Virginias Zeiten war der Blick auf die Bucht von St. Ives noch unverbaut; blaues Meer, Sandstrand so weit das Auge reichte und zuletzt in der Ferne die Felsspitze von Godrevy mit der kleinen vorgelagerten Insel gleichen Namens, auf der der dank Woolf wohl berühmteste Leuchtturm der Weltliteratur steht. Laut der Hauszeitschrift *The Hyde Park Gate News*, die von den Stephen-Kindern gemeinsam zur Unterhaltung der Erwachsenen verfasst wurde, besuchte Virginia Woolf den Leuchtturm am 12. September 1892 und dann ein zweites Mal am 17. September 1894. Aus dem Gästebuch des Leuchtturms ist dank den jeweiligen Unterschriften zu entnehmen, dass die junge Virginia den Ausflug zuerst mit ihrem älteren Bruder Thoby sowie dem präraffaelitischen Maler Holman Hunt und dessen Sohn machte und später mit ihrem Vater und den beiden Brüdern Thoby und Adrian. Dieses Gästebuch wurde übrigens 2011 bei einer Versteigerung in London für 10.250 Pfund von einem anonymen Käufer erstanden.

Während ihrer kornischen Sommerferien hatte Woolf das Schifffahrtszeichen von St. Ives täglich vor Augen, und nachts begleiteten seine rhythmisch ausgesandten Lichtsignale die Stunden vor dem Einschlafen. Mit den Jahren verdichtete sich dieser Leuchtturm für die Autorin zum Symbol ihrer idealisierten Kindheit und einer heilen, harmonischen Welt, die sie außerhalb Cornwalls vergeblich suchen sollte.

Die erste große Zäsur in ihrem behüteten Leben erlitt Woolf kurz vor der Abreise nach St. Ives am 5. Mai 1894, als die Mutter, Julia Stephen, unerwartet an Herzversagen starb. Nichts sollte mehr sein wie früher; die Ferien wurden kurzfristig abgesagt, und weil Julia mit ihrer Warmherzigkeit und hausfraulichen

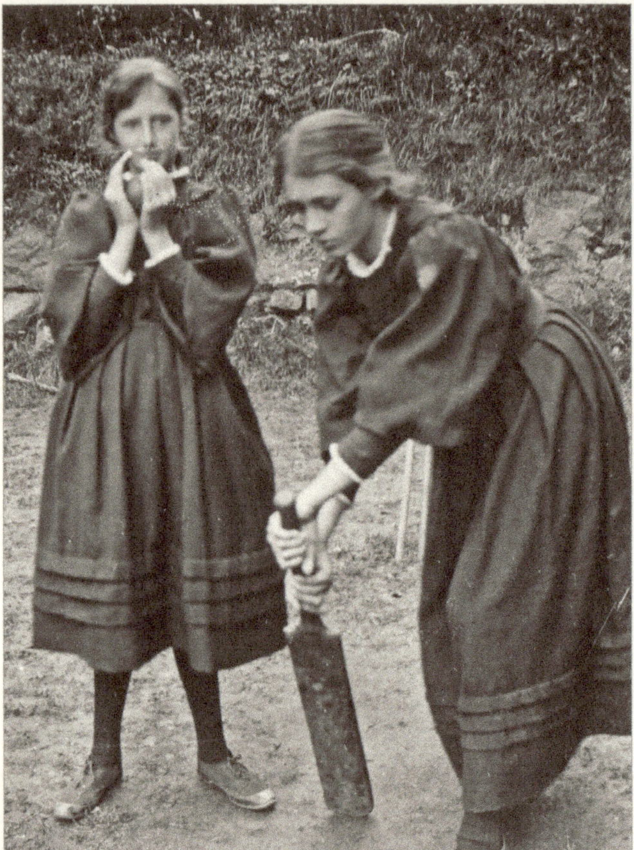

»Wahrscheinlich war nichts, was wir als Kinder hatten, uns so wichtig wie unser Sommer in Cornwall.«
Virginia und Vanessa Bell in St. Ives, 1893

Tüchtigkeit der gute Engel von Talland House gewesen war, ohne den nichts lief, beschloss Leslie Stephen, fortan auf die Ferien in Cornwall zu verzichten. Virginia Woolf betrat Talland House nicht wieder. Zehn Jahre später unternahm sie mit ihren Geschwistern jedoch eine Pilgerfahrt zum paradiesischen Ort ihrer Jugend. Sie öffneten das vertraute Gartentor und spähten in den Garten, scheuten sich aber, bis zum Haus selbst vorzudringen. »Gingen wir weiter, wäre der Zauber verflogen. Die Lichter waren nicht unsere Lichter; die Stimmen waren die Stimmen Fremder.«

Der Verlust der Mutter löste in der jungen Virginia den ersten Nervenzusammenbruch aus, der, dicht gefolgt von einem zweiten, als auch ihre schwangere Halbschwester Stella starb, ärztliche Betreuung erforderlich machte und sie vor allem in ihrem frühen Schreibelan bremste. Sie legte Tagebuch und erste schriftstellerische Versuche beiseite und durchlebte Monate dunklen Brütens. Die Tatsache, dass der Vater auf diese Schicksalsschläge hin seinen Kindern verbot, Stellas Namen auszusprechen und, sich als hilfloser und einsamer Witwer allerseits Mitleid erbettelnd, eine Atmosphäre düsterster Hoffnungslosigkeit im Haus verbreitete, erschwerte es Virginia, ihre eigenen Trauergefühlen zu verarbeiten. Ihr Ehemann Leonard Woolf beschreibt in seinem Tagebuch, wie Virginia noch Jahrzehnte danach, von irrationalen Schuldgefühlen geplagt, tagelang Gespräche mit der toten Mutter führte. Sie selbst bestätigt diese krankhafte Beschäftigung mit der Verstorbenen: »Bis in meine Vierziger ... war ich von Mutters Gegenwart besessen. Ich konnte ihre Stimme hören, sie sehen, mir vorstellen, was sie tun oder sagen würde, wenn ich mich anschickte, meinen Tagespflichten nachzugehen.«

Aber so intensiv Woolf die Mutter auch innerlich heraufbeschwor, das Bild blieb flüchtig und drohte im Laufe der Zeit zugleich in wenige, sie sprachlich definierende Begriffe zu versteinern. Schön, traurig, schweigsam und zentral sind Wörter, mit denen Woolf die Mutter zu beschreiben versucht. Dabei ist sie sich bewusst, dass sie damit bloß an der Oberfläche dieser Frau kratzt, die sich in ihrem Leben so sehr für die Familie als Einheit und außer Haus für Kranke und Bedürftige aufgeopfert hatte, dass sie ihren eigenen Kindern letztlich kaum individuelle Aufmerksamkeit schenken konnte. Die Mutter war der zentrale Pol, um den sich Kinder, Ehemann, Freunde und Bekannte wie Trabanten bewegten, den sie aber nie einzeln für sich haben konnten. Dies gab der Tochter Virginia das schmerzhafte Gefühl, ihre Mutter als Frau und Mensch nie wirklich gekannt zu haben.

Jahrzehnte mussten verstreichen, bis sie auf diesen Schmerz eine Antwort fand. Beim Überqueren des Tavistock Square in London, wo sie seit zwei Jahren wohnte, sprudelten plötzlich Ideen für einen neuen Roman aus ihr heraus, und zwar in einem spontanen Einfall, »... wie Seifenblasen aus einem Rohr«. Was blies die Blasen, fragte sie sich? Und warum ausgerechnet in diesem Augenblick? Sie wusste es nicht, aber den Roman hatte sie so klar vor Augen, dass sie bereits im Gehen die ersten Sätze formulieren konnte; der Roman sollte »Vaters Charakter in seiner Vollständigkeit« enthalten, »& Mutters; & St. Ives; & die Kindheit; & alle üblichen Dinge, die ich hineinzulegen versuche – das Leben, den Tod &etc.«

Zum Leuchtturm erschien am 5. Mai 1927 und wurde von den literarischen Kritikern als Woolfs bisher tiefgründigstes und poetischstes Werk in den Himmel gelobt. Wichtiger jedoch als das Lob erwies sich die Niederschrift des Romans selbst, die für die Autorin ein Akt persönlicher Katharsis wurde. Kaum nämlich hatte sie den Text abgeschlossen, fühlte sie sich von ihrer Mutterobsession befreit. »Ich höre ihre Stimme nicht mehr. Ich sehe sie nicht.«

So wie sie mit den Geschwistern zehn Jahre nach dem Tod der Mutter an den Ort ihrer idyllischen Ferien zurückkehrte und sich mit der Einsicht abfinden musste, dass die zerrinnende Zeit alles auslöscht und verändert, lässt Woolf im Roman nach dem Tod von Mrs. Ramsay deren Tochter Cam während der Fahrt zum Leuchtturm vom Boot aus zurück auf ihr Haus auf dem Festland blicken und feststellen: »Sie dachte, wie alle diese Wege und der Rasen, dicht mit dem Leben verknüpft, die sie dort gelebt hatten, vergangen waren, unwirklich waren; und jetzt dies wirklich war; das Boot und das Segel mit seinem Flicken; Macalister mit seinen Ohrringen; das Rauschen der Wellen – all das war wirklich.«

Zur Wahrung einer gewissen Distanz zu ihren Kindheitserinnerungen siedelte Woolf ihren Roman nicht in St. Ives an, sondern in Schottland, auf der Hebrideninsel Skye, wo sie selbst nie gewesen war. Erst elf Jahre später, im Juni 1938, besuchte sie die Insel zusammen mit ihrem Ehemann Leonard anlässlich einer Schottlandtour. Skye nicht zu kennen, erlaubte ihr, Landschaft und Atmosphäre aus ihrer Fantasie zu schöpfen und somit zu vermeiden, dass aus der Verarbeitung ihrer Kindheitserlebnisse in Cornwall eine reine Autobiografie entstand. Sie wollte zwar das Klatschen der Wellen als Rhythmus und Klangeffekt im Textgewebe fühlbar machen und die Leser mit jedem Satz am Erlebnis Meer teilnehmen lassen, doch sollte dieses Erlebnis so wenig wie möglich an die persönlichen Erfahrungen der Autorin gebunden sein, sondern, von Raum und Zeit losgelöst, eine ursprüngliche Allgemeingültigkeit beanspruchen.

Der Roman, in dem eine geplante, aber wegen schlechten Wetters verschobene und erst am Schluss verwirklichte Fahrt zum Leuchtturm geschildert wird, erstreckt sich über zehn Jahre und liefert in drei unterschiedlich langen Kapiteln ein Bild der Familie Ramsay und einiger ihrer Freunde im Wandel der Zeit. Meist, aber nicht ausschließlich aus der Perspektive der jungen Malerin Lily Briscoe erlebt, entfalten sich Bilder der Figuren und ihrer Beziehungen zueinander, deren fluktuierende Unbestimmtheit einen wirkungsvollen Kontrast zum Leuchtturm bilden; fest im Fels verankert hält dieser allen Stürmen und Gezeiten stand, während die Zeit nacheinander drei Familienmitglieder dahinrafft – Mrs. Ramsay, die Tochter Prue sowie den Sohn Andrew – und gleichzeitig unterschwellige Spannungen unter den Verbliebenen löst oder verstärkt.

Mr. und Mrs. Ramsay bilden den Mittelpunkt des Romans und verkörpern die typischen viktorianischen Geschlechterrollen der englischen Mittelklasse, wie Woolf sie an den eigenen Eltern erlebte. Hier der strenge anspruchsvolle Intellektuelle, der das Leben rational angeht und bei der Erziehung seiner Kinder, vor allem der Söhne, höchsten Wert auf Disziplin, Fleiß und Beherrschung legt; da die sich aufopfernde, ganz in ihrer Mutter- und Hausfrauenrolle aufgehende Gattin, die, wie Woolfs eigene Mutter, viel zu früh stirbt und eine Familie hinterlässt, die ohne sie auseinanderzutreiben droht.

Julia Stephens Fähigkeit, die einzelnen Familienmitglieder und Freunde einträchtig zusammenzuhalten, hat Woolf am Ende des ersten Kapitels des Romans in der minutiösen Beschreibung eines Festmahls verewigt. Die Szene gilt heutzutage als ein exemplarisches literarisches Bravourstück des Bewusstseinsstroms, für das sich Woolf durchaus von Prousts *Auf der Suche nach der verlorenen Zeit* inspirieren lassen haben könnte. Zur Zeit der Niederschrift beschäftigte sie sich gerade mit Proust, und es kann ihr dabei nicht entgangen sein, dass der junge Icherzähler im ersten Band des Romans ausführlichst ein Essen schildert und dabei auch dem

Hauptgericht Raum schenkt. Prousts Schmorbraten ist zwar nicht so berühmt wie seine Madeleines, aber es ist gut möglich, dass Virginia ihn für ihre Festmahlszene übernommen hat. Nicht nur verwendet sie die französische Bezeichnung für den Schmorbraten – *le bœuf en daube* –, sondern lässt Mrs. Ramsay erklären, dass das Rezept ein französisches sei und die Köchin Marthe – genau wie Prousts Köchin Françoise – viel Zeit und Sorgfalt auf dessen Zubereitung verwendet habe. Mrs. Ramsays Braten wird von den Gästen entsprechend gelobt und sie selbst stellt zufrieden fest, dass er »ein Triumph« sei. Der Akzent auf diesen Schmorbraten ist in der Beschreibung des festlichen Zusammenseins nicht einfach als kulinarische Information zu verstehen; entscheidend ist vielmehr, dass Mrs. Ramsay durch ihn ihre Fürsorge und Nächstenliebe offenbart und, sich ihrer bewusst werdend, Erfüllung findet. Diese Empfindung geht so tief, während sie die essenden Gäste betrachtet, dass ihr mit einem Mal scheint, alles auf der Welt sei, wie es zu sein habe: »Jetzt gerade (aber dies kann nicht von Dauer sein, dachte sie, sich vom Augenblick lösend, während die andern sich über Stiefel unterhielten), jetzt gerade hatte sie Sicherheit erreicht; sie flog, verharrend wie ein Falke in der Schwebe; trieb wie eine Flagge in einem Element der Freude, das alle Nerven ihres Körpers erfüllte ...«

Dabei spricht anfangs alles gegen das Gelingen des Abends: Die beiden Gäste Paul und Minta, die mit zwei der Ramsay-Kinder am Strand spazieren gegangen waren, kommen verspätet zum Essen, Lily Briscoe ärgert sich über die Behauptung von Mr. Ramsays Freund Charles Tansley, wonach Frauen weder schreiben noch malen können, und schließlich reagiert Mr. Ramsay selbst unwirsch, als ein Gast um einen zweiten Teller Suppe bittet. Es stellt sich ein allgemeines Unbehagen ein, doch dank Mrs. Ramsays verhaltener Aufmerksamkeit und ihres köstlichen Schmorbratens beschwichtigen sich die Gemüter und es stellt sich eine tiefe Stille unter den Gästen ein.

Dieser Augenblick vollkommener Eintracht ergibt sich aus Mrs. Ramsays Freude, von der sie regelrecht überwältigt wird, als sie im Topf nach einem besonders zarten Fleischstück für den älteren, sie anbetenden William Bankes Ausschau hält. Für die Umschreibung dieser Freude bedient sich Woolf eines an das Pfingsterlebnis erinnernden Bildes und verleiht Mrs. Ramsay somit gleichsam die Aura des Heiligen Geistes; wie Rauch steigt ihre Freude empor und hält die Gemeinschaft sicher und in sich geschlossen zusammen. Es sind indessen nicht Feuerzungen, die über den Gästen erscheinen und sie schlagartig in verschiedenen Sprachen sprechen lassen, sondern Rauchschwaden, die den Raum erfüllen und die Speisenden mit Stummheit schlagen, denn: »Es gab nichts zu sagen; nichts konnte gesagt werden ... Er (der Rauch) war Teil ... der Ewigkeit ... es gibt eine Übereinstimmung in Dingen, eine Beständigkeit; etwas, meinte sie, ist gegen Veränderung immun und strahlt heraus (sie blickte zum Fenster mit seinem

Gewell reflektierter Lichter) angesichts des Fließenden, Flüchtigen, Gespenstischen, wie ein Rubin; sodass sie an diesem Abend wieder das Gefühl hatte, das sie am Tag schon einmal gehabt hatte, von Frieden, Ruhe. Aus solchen Augenblicken, dachte sie, ist das Wesen gemacht, das besteht.«

Woolf beschreibt in dieser Schlüsselszene einen jener kostbaren »Momente des Seins«, die sie erstmals als kleines Mädchen in Cornwall erlebt hatte: eine begnadete Bewusstseinssteigerung, in der die Gäste das Ewige berühren und fühlen, wie die Grenzen ihrer Individualität zerfließen und sie Teil einer in vollendetem Einklang ruhenden Ganzheit werden.

Für sie persönlich hatte die Niederschrift des Romans therapeutische Wirkung. Indem es ihr gelang, der verstorbenen Mutter in der Figur von Mrs. Ramsay ein literarisches Denkmal zu setzen, konnte sie die Dämonen zur Ruhe legen, unter denen sie jahrzehntelang gelitten hatte, und tat dadurch letztlich, wie sie in ihrem Tagebuch festhielt, was Psychoanalytiker für ihre Patienten tun.

Zum Leuchtturm ist nicht der einzige Roman, in dem Woolfs Erinnerungen an die Familienferien in Cornwall sowie an dessen Landschaft und Meer Einlass gefunden haben. Es hat sich unter Woolf-Kennern längst eingebürgert, aus ihrem Œuvre drei Werke spezifisch unter dem Begriff ›Cornwall-Trilogie‹ zusammenzufassen, nämlich *Jacobs Zimmer* (1922), *Zum Leuchtturm* (1927) und *Die Wellen* (1929).

Während in den ersten beiden Romanen direkte Parallelen zu Cornwall nachgezeichnet werden können, verzichtet Virginia Woolf in *Die Wellen* auf konkrete Anhaltspunkte und löst sich von der literarischen Tradition, Figuren in Raum und Zeit zu verankern; sie will den Text auch nicht als Roman verstanden wissen, sondern nach eigenen Worten als »Spielpoem«. Weder Prosa noch Lyrik, sondern eine Mischung aus beidem mit gelegentlichen dramaturgischen Einsprengseln, lässt sich der Text mit seiner flirrenden, rein in der Gedankenwelt angesiedelten Sprache kaum von biografischen Tatsachen ableiten. Somit kann *Die Wellen* bloß insofern auf einen kornischen Ursprung zurückgeführt werden, als das Meer darin eine wichtige Rolle in der Plotkonstruktion erfüllt – falls man überhaupt von einem Plot reden will. Aber dieses allgegenwärtige Meer im Text ist nicht jenes, in dem Virginia als junges Mädchen badete oder auf dem sie mit dem Boot zum Godrevy-Leuchtturm fuhr; es ist das Meer als Idee, ein Urmeer sozusagen, das, in Zwischenkapiteln beschrieben, die Befindlichkeiten der sechs monologisierenden Hauptfiguren widerspiegelt und zugleich ein hochpoetisches Bild für das Zerrinnen der Jahre liefert.

Klarer offenbaren sich die Spuren Cornwalls in *Jacobs Zimmer*, Virginias drittem Roman. Darin bricht sie endgültig mit den viktorianischen Erzähltraditionen und wählt stattdessen einen gleichsam impressionistischen Ansatz, um der Figur des jungen Jacob Flanders näherzukommen, der bei

Ausbruch des Ersten Weltkriegs eingezogen und in Flandern – die Namen von Ort und Person stimmen hier nicht zufällig überein – den Tod findet. Bezeichnenderweise lernt ihn der Leser nur durch die Augen anderer kennen, er selbst taucht kaum auf, sondern schimmert als Erinnerung durch die Alltagswahrnehmungen verschiedener Leute, seien diese nun die Mutter, die Freunde und Geliebten, die ihn gekannt haben, oder beliebige Fremde, die ihm zufällig begegnen und nur einen oberflächlichen Eindruck von ihm erhaschen.

Um das Bild von Jacob Flanders zu umreißen, beschreibt Woolf nicht nur flüchtige Reminiszenzen an ihn, sondern auch die Schauplätze, an denen man sich an Jacob erinnert und die die verschiedene Etappen seines Lebens charakterisieren: ein Universitätszimmer in Cambridge, London, Italien, Griechenland, Konstantinopel und zu Beginn des Romans Cornwall, die Kulisse von Jacobs Kindheit. Auf den ersten Seiten von *Jacobs Zimmer* begegnen wir dem kleinen Jacob, seiner verwitweten Mutter Betty und dem älteren Bruder Archie, die an einem Strand in Cornwall Urlaub machen. Bezeichnenderweise aber fehlt Jacob selbst. Er hat sich allein auf Krabbensuche aufgemacht, Mutter und Bruder suchen ihn, rufen nach ihm, sodass der Leser aus der Beschreibung von Strand, Felsen und fernem Leuchtturm vor allem eine große Absenz herausspürt. Diese Absenz zieht sich durch den ganzen Roman, sie nimmt Jacobs Tod gleichsam vorweg und verleiht den verschiedenen

Erinnerungen bei aller Nostalgie etwas Dunkles und Beklemmendes.

Für die Strandferien in Cornwall konnte Woolf aus dem reichen Fundus ihrer Kindheit schöpfen. Wichtiger als die Wiedergabe persönlicher Erlebnisse war ihr in diesem, ihrem ersten experimentellen Roman, dass die kornische Meerlandschaft sich im Empfinden des Lesers stellvertretend für Jacobs erste Lebensjahre einprägt, genau wie später das leere Universitätszimmer in Cambridge den Studenten Jacob heraufbeschwören wird.

In den Beschreibungen des Meeres aus der subjektiven Sicht der Mutter offenbart sich die Faszination der Schriftstellerin Woolf für ein Element, das ihr, von beruhigend bis bedrohlich, im Text erlaubt, die wechselhaften psychischen Befindlichkeiten des Menschen zu veranschaulichen. Gleich zu Beginn sehen wir durch die tränenden Augen von Betty Flanders die Bucht zittern und den Leuchtturm wackeln, und an anderer Stelle blickt sie abends gedankenversunken aus dem Fenster des Hotelzimmers und sieht: »Das Licht flammte über dem Grasfleck; fiel auf den grünen, goldumrandeten Eimer und auf die Aster, die wild zitterte daneben. Denn der Wind raste über die Küste, schleuderte sich gegen die Hügel und sprang, in jähen Böen sich überschlagend. Wie er sich breitmachte über der Stadt in der Senke! Wie die Lichter zu blinzeln und zu zittern schienen in seiner Raserei, Lichter am Hafen, Lichter hoch oben im Schlafzimmer! Und dunkle Wellen vor sich herschiebend, raste er über den Atlantik, drängte die Sterne über den Schiffen in diese und jene Richtung.«

Dunkle Wellen und unstete Lichter im rasenden Wind schaffen hier eine Atmosphäre der Unruhe und Vorahnung; in *Zum Leuchtturm* greift Woolf auf ähnliche Naturbilder, um das Gefühl von Verlust und Verlorenheit wiederzugeben, das die Hinterbliebenen nach Mrs. Ramsays Tod bei der endlich stattfindenden Fahrt zum Leuchtturm plagt. Als der Verlust von der Familie schließlich verarbeitet und akzeptiert worden ist, kann sich das Meer jedoch auch von einer positiven Seite zeigen. In der Windstille, die die Fahrt zum Leuchtturm endlich ermöglicht, wirkt es einladend und regt zum Träumen an. Mrs. Ramsays Tochter Cam erlebt auf dem Boot in einem Augenblick flüchtigen Glücks ein wunderbares Einswerden mit dem Wasser, in das sie gerade die Hand getaucht hat. Ihr Geist bildet Muster aus den Wirbeln und Schlieren, und plötzlich sieht sie sich in die grüne Tiefe tauchen, sieht Perlen traubenweise in der weißen Gischt feststecken und erlebt, wie ihr Körper immer durchsichtiger wird und, in einen grünen Mantel gehüllt, zu leuchten beginnt. »Alles auf der ganzen Welt schien stillzustehen. Der Leuchtturm wurde unverrückbar, und die Linie des fernen Ufers erstarrte.«

Der Gegensatz zu *Jacobs Zimmer* könnte nicht größer sein. Am Schluss von *Zum Leuchtturm* ragt der Leuchtturm als fester, konkreter Anhaltspunkt aus der Meerlandschaft empor, Symbol für Cams erlangte innere Ruhe, nachdem sie auf dem Boot erkannt hat, dass ihr die Befreiung aus der traditionellen, von den Eltern diktierten Frauenrolle gelingen wird; dort, in *Jacobs Zimmer*, erlebt die Mutter die kornische Küste als ein einziges Zittern, Rasen und Wackeln, Sinnbild für die Ungewissheit über Jacobs Lebensweg, ja vorwegnehmendes Zeichen für seinen Tod in den Schützengräben von Flandern.

Welcher Leuchtturm aber ist der wahre?, fragt sich Mr. Ramsays Sohn James auf der Überfahrt: derjenige, dem er zusegelt und den er immer deutlicher aus dem Nebel hervorleuchten sehen kann, oder jener diffuse, als Kind vom Ferienhaus mehr erratene als wirklich gesehene Turm?

In *Jacobs Zimmer* kommt die Autorin zum Schluss, dass es keine absolute Wahrheit gibt und der Mensch sich deshalb jeglicher eindeutigen Charakterisierung entzieht. James hingegen erkennt bei der Betrachtung des Leuchtturms, dass gegenwärtig Erlebtes und Erinnertes als parallele Wirklichkeiten nebeneinanderlaufen, so widersprüchlich sie auch scheinen mögen: »Der Leuchtturm war gerade ein silberner, neblig verschleierter Turm mit einem gelben Auge, das sich am Abend jäh und sanft öffnete. Jetzt – James schaute zum Leuchtturm. Er konnte die weiß getünchten Felsen sehen; den Turm, fest und gerade; er konnte sehen, dass er schwarz und weiß gestreift war; er konnte Fenster in ihm sehen; er konnte sogar Wäsche sehen, die auf den Felsen zum Trocknen ausgelegt war. Das war also der Leuchtturm, wirklich? Nein, der andere war auch der Leuchtturm. Denn nichts war einfach eine Sache. Der andere Leuchtturm war ebenso wahr.«

Mit dem Tod der Mutter im Jahr 1895 und von Stella 1897 war Cornwall als Ferienort für die Familie Stephen nicht mehr denkbar. Woolf bezeichnete die Zeit bis zum Tod des Vaters im Februar 1904 und dem Verkauf des nunmehr mit dunklen Erinnerungen befrachteten Elternhauses als ihre »sieben unglücklichen Jahre«, in denen nicht einmal aufregende Reisen nach Wales, Frankreich und Italien die überwältigende Trauer zu lindern vermochten, die sie nach dem Verlust des Vaters zu einem ersten Selbstmordversuch trieb.

Erst der Umzug mit den Geschwistern nach Bloomsbury und einem neuen, für damalige Verhältnisse schockierend freizügigen Lebensstil ermöglichte Woolf, ihre innere Stabilität wiederzufinden und sich im Austausch mit Gleichgesinnten intellektuell weiterzuentwickeln. Im Kern bestehend aus den Kunstkritikern Roger Fry und Clive Bell, dem Ökonomen John Maynard Keynes, dem Schriftsteller E.M. Forster, dem Biografen Lytton Strachey und dem Maler Duncan Grant, bildete sich im Laufe der Jahre die sogenannte ›Bloomsbury Group‹, in der die Schwester Vanessa als postimpressionistische Malerin und Virginia als Schriftstellerin zentrale Figuren werden sollten.

Woolf lebte in diesem Kreis intellektuell stimulierender Freunde auf und begann Artikel und kürzere Prosatexte zu schreiben.

Die idyllische Kindheit in Cornwall war indessen nicht vergessen. Während eines Spaziergangs im Regent Park am Vorweihnachtstag 1909 überwältigte sie mit einem Mal die Unsinnigkeit, in London zu bleiben, wo Cornwall doch stets in ihren Gedanken war. Auf der Stelle kaufte sie sich eine Zugfahrkarte und fuhr um ein Uhr nachmittags los. In Lelant, einem an St. Ives angrenzenden Dorf (und Geburtsort der Erfolgsautorin Rosamunde Pilcher), stieg sie aus – es war inzwischen halb elf abends – und kehrte im erstbesten Hotel ein. Sie hatte, wie sie ihrer Schwester schrieb, weder Brille, Scheckbuch, Spiegel noch Mantel dabei.

Lelant Hotel steht unweit des Bahnhofs auf einem steilen Hügel und gehört, inzwischen in Badger Inn umgetauft, zu den ergiebigen Pilgerorten von Woolf-Aficionados. Neben der Bar hängt ein Rahmen mit Briefzitaten aus ihrer Weihnachtszeit in Lelant, und die Dorfbewohner, die sich hier auf einen Drink treffen, lassen sich gern in ein Gespräch über den berühmten Gast verwickeln.

Ihrer Schwester schrieb Woolf während ihres kurzen Aufenthaltes, dass sie das Hotel für sich allein habe, über ein sehr nettes Zimmer verfüge und der Ort alles in allem besser sei als St. Ives. In ihren Zeilen an den Schwager Clive Bell vom 26. Dezember lässt sich bereits der Keim von *Zum Leuchtturm* erahnen, denn mehr als einfache Mitteilung enthalten sie eine poetische Annäherung an den Leuchtturm, der, zehn Kilometer von Lelant entfernt, ihre alte

Faszination wieder weckte: »Und dann gibt es einen Leuchtturm (Godrevy), wie durch beschlagenes Glas zu sehen, und eine graue Fläche, wo das Meer ist. Es gibt keinen Mond, oder Sterne, aber die Luft ist so weich wie Daunen, und man kann Bäume entlang der Hangstraße sehen, und den Umriss von allem ohne jegliches Detail.«

Das Wetter muss mild und regnerisch gewesen sein in jenen Dezembertagen; an einem Tag wanderte Woolf im Nebel auf den Hügel von Tren Crom und setzte sich dort auf einen Grabstein, um eine Weile ungeachtet des Regens aufs Tal hinunterzuschauen. Abends dann wärmte sie sich am Kaminfeuer und ging gegen zehn Uhr aufs Zimmer hoch und hörte, bei offenem Fenster, wie die ›alten Bauern‹ einander beim Verlassen der Bar gute Nacht wünschten.

Diese seltsamen, ganz alleine in Lelant zugebrachten Weihnachtstage verstärkten Woolfs Nostalgie für Cornwall, und als sie schließlich wieder nach London zurückfuhr – wohl fast widerwillig, muss man annehmen –, fragte sie sich ernsthaft, wie ein Mensch mit einer »unsterblichen Seele« überhaupt im Landesinnern leben könne. »Ich kann es mir nicht vorstellen; nur Erdschollen und Tiere dürften fähig sein, es auszuhalten.« Woolf lebte ihr Leben lang im Landesinnern.

Drei Monate nach ihrem spontanen Aufenthalt in Lelant kehrte sie mit Vanessa und deren Gatten Clive für ein paar Ferientage in dasselbe Hotel zurück. Cornwall war aber im Jahr 1910 für Virginia Woolf nicht nur ein begehrtes Ferienziel, nicht nur Ort des nostalgischen Erinnerns, sondern wiederum einige Monate später nach einem längeren Kuraufenthalt in einer Frauenklinik in Twickenham auch Ort der psychischen und physischen Entspannung. Isolation, Zwangsernährung und das Verbot, sich in irgendwelcher Form mit Literatur zu beschäftigen, hatten Woolf nicht gänzlich von ihrem schweren Nervenzusammenbruch heilen können, und so wurde im Familienkreis beschlossen, sie für eine Weile in ihr geliebtes Cornwall zu schicken. Woolf reiste am 16. August in Begleitung der Oberschwester Jean Thomas also ein drittes Mal in kurzer Folge nach Cornwall und lebte unter deren Obhut drei Wochen lang in Lower Porthmeor, einem Weiler in der Nähe von Zennor, der heute nur noch aus drei in Ferienhäuser umgebauten Bauernhäusern besteht. The Captain's House, in dem sich die beiden Frauen einquartierten, steht in einer kargen, steinigen Heidelandschaft auf der Halbinsel Penrith und hat Aussicht auf die steile Felsküste und das Meer. Es sei, schrieb Woolf später begeistert, der hübscheste Ort auf der Welt. Was sie daran am meisten schätzte, war offenbar die Einsamkeit.

Zusammen mit Jean Thomas unternahm sie entlang der Küste und landeinwärts über Feld und Wiesen ausgedehnte Wanderungen, die sie zumindest körperlich stärkten. Die letzte Nacht vor der Heimkehr verbrachten die beiden Frauen in Woolfs geliebtem Lelant Hotel, worauf sie am 6. September die Rückreise antraten und Woolf zu Hause wieder mit

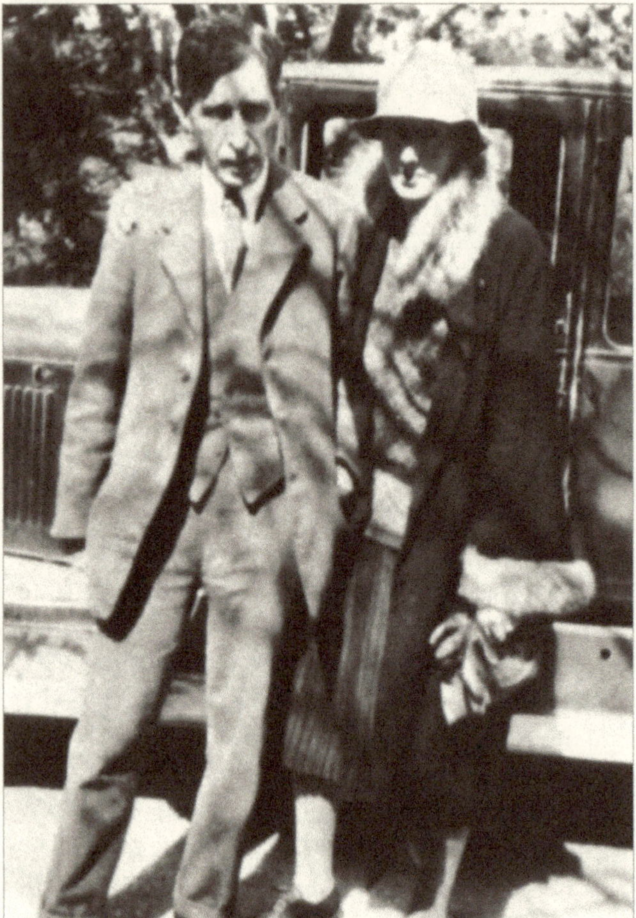

Leonard und Virginia Woolf, 1928

eben den Schwierigkeiten ihres ersten Romans konfrontiert wurde, die im Sommer ihre Nerven überstrapaziert hatten.

Hatte sie zu dieser Zeit *Die Fahrt hinaus* eben erst zu schreiben begonnen oder arbeitete sie schon seit 1907 an diesem ersten größeren Werk? Die Frage entbehrt noch einer eindeutigen Antwort, jedenfalls bedurfte es weiterer fünf Jahre, bis das Manuskript im Verlag von Woolfs Halbbruder Gerald Duckworth erscheinen konnte.

Der Erholungsurlaub in Cornwall verdeutlichte Woolf und ihrer Familie, wie förderlich sich der gelegentliche Abstand vom hektischen Stadtleben auf ihr psychisches Wohl auswirkte. So sehr Woolf London auch liebte und den intellektuellen und künstlerischen Austausch mit ihren Bloomsbury-Freunden genoss und brauchte, suchte sie nun vermehrt die Abgeschiedenheit in der Natur, um in Ruhe an ihrem schwierigen Erstling zu arbeiten. 1911 mietete sie zusammen mit ihrem Bruder Adrian ein Haus in Firle, einem Dorf in Sussex, und nannte es in Erinnerung an ihre Kindheitsferien in Cornwall Little Talland House. Es folgten mehrere Umzüge in derselben Gegend, aber auch in London, bis Woolf, inzwischen mit dem Staatsbeamten Leonard Woolf verheiratet, in Monk's House das ideale Landhaus finden sollte. Heute vom National Trust verwaltet, ist das Haus mit seinem großen gepflegten Garten ein Museum, vom Städtchen Lewes aus allerdings nur mit dem Bus oder besser noch mit einem Auto erreichbar.

Kurze Abstecher oder längeren Urlaub in Cornwall machte Woolf fortan zusammen mit Leonard. Im Frühjahr 1914 verbrachten sie drei Wochen im imposanten Art-Deco-Hotel Carbis Bay an der gleichnamigen Bucht in der Nähe von St. Ives. Wie vier Jahre zuvor hatte sie sich infolge einer Periode dunkelster Depression zuerst in die Anstalt von Twickenham einweisen lassen und daran Erholungsurlaub in der einzigen Grafschaft Englands geknüpft, in der sie wirklich aufblühen konnte.

Das Viersternehotel, in Rosamunde Pilchers Romantrilogie *Die Muschelsucher* als The Sands Hotel verewigt und 2021 Tagungsort des G7-Gipfeltreffens, verfügt heute über ein Spa und einen eigenen zauberhaften, südseeähnlichen Sandstrand mit direktem Blick auf den Leuchtturm von Godrevy. Konkrete Spuren von Woolfs damaligem Aufenthalt sind dürftig; für ihre folgenden Aufenthalte in Cornwall zog sie dann dem angenehmen Luxus von Carbis Bay trotz der Nähe zu St. Ives die wilde Heide und die steilen, zerklüfteten Klippen rund um Zennor vor.

Einem Tagebucheintrag vom 24. Januar 1918 ist zu entnehmen, dass das Ehepaar Woolf zu dieser Zeit in Verhandlungen mit dem umstrittenen Autor D.H. Lawrence stand, dessen Haus in Zennor zu übernehmen. Die Aussicht, längerfristig über ein Ferienhaus in Cornwall zu verfügen, war, wie Virginia schrieb, »... verlockend genug, um mehrmals täglich an jenes Meer und jene Felsklippen zu denken.«

Lawrence wird Haus und Landschaft in höchsten Tönen gelobt haben. Er hatte das sogenannte Turmhaus in Higher Tregerthen bei Zennor zwei Jahre zuvor zu einem Spottpreis gemietet und sich mit seiner Frau begeistert in das kornische Abenteuer gestürzt. Der Gedanke, dass Frieda in Kriegszeiten als Deutsche in diesem entlegenen Weiler unangenehm auffallen könnte, hatte ihn vorerst nicht gestreift: »Als wir über die Schulter des wilden Hügels oberhalb des Meeres nach Zennor kamen, fühlte ich, dass wir ins gelobte Land kamen. Ich weiß, dass jetzt ein neuer Himmel und eine neue Erde entstehen werden; wir haben gesiegt. Ich fühle mich wie ein Kolumbus, der ein schemenhaftes Amerika vor sich sieht; nur ist dies nicht einfach Gelände, es ist ein neuer Kontinent der Seele.«

Dies schrieb Lawrence am 25. Februar 1916 an die Freundin Lady Ottoline Morrell, und ebenso blumig äußerte er sich etwas später in einem Brief an das Schriftstellerpaar John Middleton Murry und Katherine Mansfield mit der Absicht, sie von der sonnigen Côte d'Azur heraufzulocken und gemeinsam mit ihnen unter einem Dach die Utopie einer Kommune gleichgesinnter Geister zu verwirklichen: »Wir sind jetzt fast schon eine Woche hier. Es ist der schönste Ort; ein winziges Granitdorf, unter hohen, zerspaltenen Moorhügeln nistend, und ein großer Strich Meer darunter, so ein liebliches Meer, lieblicher sogar als das Mittelmeer ... Um nach Penzance zu gelangen, geht man übers Moor, hoch hinauf, dann hinunter zu

Mount's Bay mit Blick auf St. Michael's Mount, wie ein kleines dunkles Juwel. Alles ist jetzt Stechginster, mit Blüten flackernd ...«

Murry und Mansfield ließen sich überzeugen, aber die Kommune, Lawrence's lebenslanger Traum, scheiterte, noch eh sie richtig in Gang kam. Mansfield, damals gesundheitlich bereits arg angeschlagen, konnte sich weder mit dem feuchten Klima noch mit der rauen, steinübersäten Landschaft anfreunden und hielt die ewigen Zänkereien zwischen Lawrence und Frieda schlicht nicht aus. Wenige Wochen später reiste das Paar ab, ließ sich jedoch vor der Rückfahrt nach London noch für ein paar Wochen in Mylor an der Südküste Cornwalls nieder.

Lawrence selbst begann Cornwall mit kritischeren Augen zu sehen, als er die wachsende Ablehnung der Einwohner gegenüber seiner deutschen Frau zu spüren bekam. Es wurde gemunkelt, dass das Muster auf dem Kamin des gemeinsamen Hauses als Signal für patrouillierende deutsche U-Boote diene und am Fuß der Klippen unterhalb des Hauses für diese Boote Benzin gelagert werde. So unwahrscheinlich diese Spekulationen klingen, sie führten schließlich im Oktober 1917 dazu, dass das Ehepaar polizeilich der Grafschaft verwiesen wurde. Somit stand das Turmhaus, in dem Lawrence ein neues Leben hatte anfangen wollen, von einem Tag auf den anderen leer, und Woolf, die die Geschichte von Katherine Mansfield erfuhr, horchte auf.

Sie wartete nicht erst auf die Vermittlung von

Lawrence, sondern schrieb Ende März 1919 direkt an den Besitzer Captain Short, der bereit war, ihr gleich alle drei kleinen Häuser von Higher Tregerthen als Wohneinheit für je fünf Pfund im Jahr zu vermieten. Shorts Brief kam zeitgleich mit einer anderen Zusage, die sie eigentlich weit mehr hätte erfreuen sollen, nämlich jene Gerald Duckworths betreffend die Veröffentlichung ihres zweiten Romans, *Nacht und Tag*. »Indessen«, schreibt sie am 27. Mai in ihrem Tagebuch, »ein gutes Stück über diesen Brief hinaus an Wichtigkeit war jener von Captain Short. Ein oder zwei Tage lang tat ich nichts anderes, als meine Feder oder mein Buch niederzulegen & Tregerthen zu sehen.«

Der Urlaub in Higher Tregerthen wurden nie verwirklicht. Die Woolfs, die sich schon eine Weile nach einem Landhaus in Sussex umgesehen hatten, stießen gerade in diesen Wochen auf Monk's House im Dorf Rodmell und erstanden es, mehr vom großen Grundstück bezaubert als vom Haus selbst, für siebenhundert Pfund auf einer Auktion in Lewes. Angesichts der hohen Kosten und des sonstigen mit einem Umzug verbundenen Aufwands sahen sie sich gezwungen, einstweilen auf Abstecher nach Cornwall zu verzichten.

Zwei Jahre verstrichen, bevor sie wieder in die Gegend von Zennor reisten, diesmal in den winzigen, von Zennor leicht zu Fuß erreichbaren Weiler Poniou. Woolf nahm sich vor, die Feder zu Hause zu lassen und Klassiker zu lesen: Shakespeare, Voltaire, Keats und Hardy und, warum nicht, »... irgendeine alte Biografie oder einen zehntklassigen Roman.«

Es war Ende März, das Wetter offenbar warm und trocken genug, um auf Wanderungen Halt zu machen, sich bei Gunard's Head zwischen flechtenüberzogenen Felsbrocken auf ein Bett von Quellern zu legen und der Brandung zu lauschen. Sie spricht auch von einem Besuch bei ihrer langjährigen Freundin Katherine Cox und deren Ehemann William Arnold-Foster in Eagle's Nest, einem Haus nahebei, das, wie der Name andeutet, hoch auf einem Felsvorsprung gelegen, Blick auf den ganzen Küstenstreifen von Penwith gewährte.

William und Katherine – oder Ka, wie man sie in ihrem weiten Freundeskreis nannte – lebten ganzjährig in ihrem Adlerhorst und sollten das Ehepaar Woolf fünf Jahre später über die Weihnachtstage beherbergen, aber die extreme Kälte jenes Winters und das schlecht geheizte Haus würden die Gäste zur voreiligen Abreise veranlassen.

Woolf, berühmt für ihre Scharfzüngigkeit und ihre nicht immer schmeichelhaften Porträts von Zeitgenossen, fand rückblickend kaum Gutes über diesen Aufenthalt mit den Arnold-Fosters zu berichten. Zwar schätzte sie, wie immer, die mütterlichen Züge ihrer Freundin, aber für Will hatte sie wenig übrig: einen »wasserblütigen kleinen Mann« nennt sie ihn in ihrem Tagebuch, »gereizt, von sich eingenommen, nervös«. Persönlich mag William Arnold-Foster zwar unangenehm aufgefallen sein, aber sein Vermächtnis

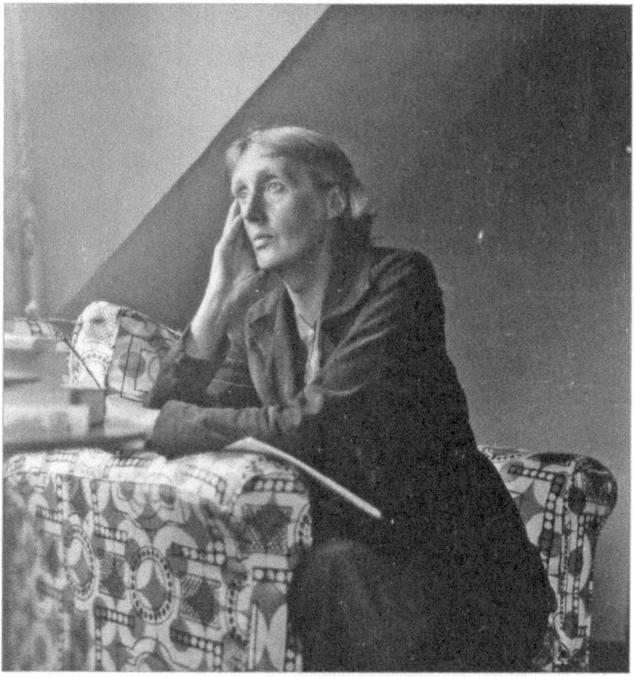

»… verlockend genug, um mehrmals täglich an jenes Meer und jene Felsklippen zu denken.«
Virginia Woolf 1925

legt Zeugnis von Engagement und großer Menschlichkeit ab. Nicht nur hinterließ er einen der eindrucksvollsten Gärten Cornwalls – dieser kann heute noch besichtigt werden – und ein Buch über Büsche und Stauden, das zu den Klassikern der Gartenkunst zählt, sondern er engagierte sich in Kriegszeiten auch aktiv für die Menschenrechte und war einer der Mitbegründer des Völkerbundes von 1920.

Als einzigen positiven Eindruck von diesen Weihnachten 1926 nennt Woolf den Blick auf das Tal im Abendlicht; alles andere sei bloß ein dumpfer Eindruck von rundum lahmgelegtem, erfrorenem Leben.

Zu diesem Zeitpunkt hatte sie ihren Roman *Zum Leuchtturm* eben abgeschlossen und damit vom Cornwall ihrer Jugend genügend Abstand geschaffen, um sich literarisch frei für Neues zu fühlen; tatsächlich begannen sich in ihrem Kopf bereits im Januar 1927 erste Bilder und Ideen für *Orlando* abzuzeichnen.

So leicht ihr die Niederschrift von *Orlando* fiel, so schwierig und für ihre psychische Stabilität gefährlich erwies sich jene von *Die Jahre*, ihrem letzten zu Lebzeiten publizierten Roman neun Jahre später. Leonard Woolf erinnert sich an »fürchterliche Zeiten«, und Woolf selbst erinnert sich im Juni 1936, dass sie »… endlich, nach zwei Monaten dunkler und schlimmer, fast katastrophaler Krankheit – nie, meines Wissens, so nahe am Abgrund gestanden … seit 1913 …«. Um ihre Verfassung zu bessern und

Abstand von den schwierigen Korrekturarbeiten des Romans zu gewinnen, unternahm sie nochmals einen Erholungsurlaub in Cornwall mit Leonard. Die Reise führte sie wieder zu den Arnold-Fosters nach Zennor, aber den Hauptteil ihres Urlaubs verbrachten sie unweit von Falmouth an der Mündung des Flusses Helford im vornehmen Budock Vean Hotel. Der Szenenwechsel wirkte Wunder. Ein Brief an die Freundin und Geliebte Vita Sackville-West aus dem Hotel ist in leichtem Plauderton gehalten; eben zurück von einem Ausflug zum Fischerdorf Coverack und den dramatischen Manacle Felsen auf der Lizard-Halbinsel, erwähnt Woolf den Fox-Trott-Tanz in der Hotel-Lounge und gibt ihrer Hoffnung Ausdruck, Vita bald nach ihrer Rückkehr sehen zu dürfen. Ferner ist aus einer Postkarte an Clive Bell zu schließen, dass das Paar zur idyllischen Bucht von Kynance auf der östlichen Seite der Lizard-Halbinsel gewandert ist. Aber auch St. Ives stand auf dem Programm, und zwar nicht nur das Dorf, das sich inzwischen zu einem Zentrum avantgardistischer Kunst entwickelt hatte, sondern auch Talland House. Diesmal betrat Virginia nicht nur den Garten, sondern wagte sich bis zum Haus selbst und warf einen Blick durch die Fenster des Erdgeschosses in die Räume, um, wie Leonard schrieb, »die Geister ihrer Kindheit zu sehen«.

Es sollte ihr letzter Eindruck von Cornwall sein. Fünf Jahre später, am 28. März 1941, schied Virginia Woolf nach einer längeren Phase der Depression freiwillig aus dem Leben.

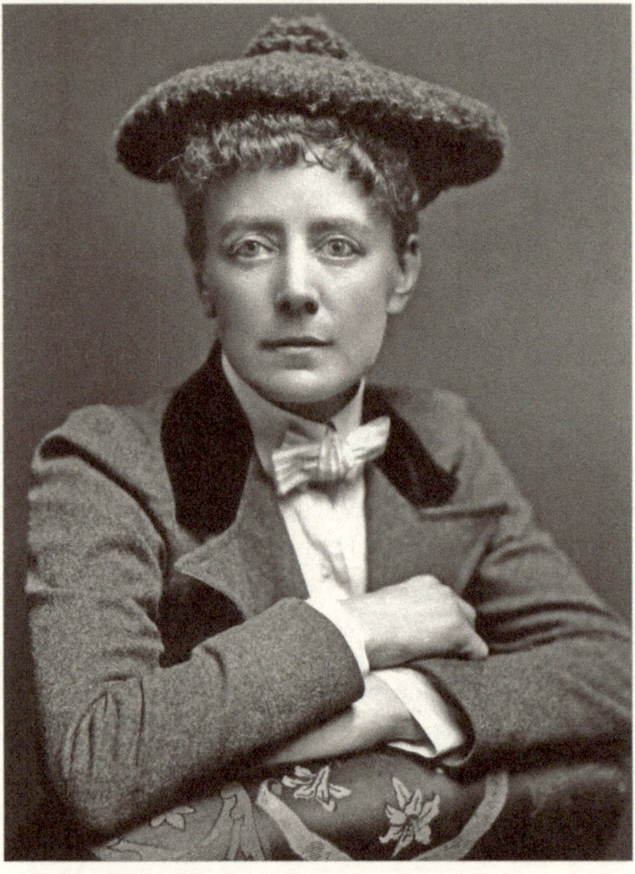

»Smyths Musik heilte mich für immer vom Irrglauben, dass Frauen keinerlei Männerarbeit leisten können.«
George Bernard Shaw

Ethel Smyth

»Im wunderbaren Herbst 1902 war ich ein- oder zweimal nach Cornwall hinuntergeeilt, um die ›ältesten Bewohner‹ auszufragen … Dazwischen lag ich auf den Klippen, unter weichem, rosafarbenem Gewächs begraben, und lauschte dem Klatschen der großen atlantischen Wellen gegen die grausamen Felsen, und dem wilden Soprangeschrei der Möwen.«

45 Kilometer südwestlich vom kornischen Festland entfernt liegt das Archipel der Scilly Islands, mit dem Schiff von Penzance aus in knapp drei Stunden erreichbar, oder, für ungeduldigere Reisende, in einer Viertelstunde mit dem Helikopter. Von den rund fünfzig Inseln sind nur fünf bewohnt, die restlichen, meist bloß ein paar aus dem Meer ragende Felsbrocken, stehen als Brutstätten für Papageientaucher und andere gefährdete Vogelarten unter Naturschutz.

Das milde subtropische Klima verleiht den Inseln einen Hauch Exotik; Palmen gedeihen, das kristallklare Meer lädt zum Tauchen ein und die weißen Sandstrände könnten jenen der Südsee Konkurrenz machen, stiegen die Temperaturen im Sommer über die durchschnittlichen 20 Grad. Aber auch ohne südliche Hitze versprechen die Scilly Islands unvergessliche Naturerlebnisse, sei es am Strand, unter

Wasser, auf Wanderwegen oder beim sogenannten Island-Hopping.

Die junge englische Komponistin Ethel Smyth war, wie alle Besucher, die zum ersten Mal anreisen, zugleich verwundert und begeistert von der Welt, die sich ihr auf diesen so unenglisch südländischen Inseln offenbarte, als sie im September 1886 mit ihrer frisch verheirateten Schwester Violet, dem Schwager Dick und deren Golden Retriever Hurry dort eine Wandertour unternahm. Violet, die klassische viktorianische Dame, wollte gemütlich und auf sicheren Pfaden wandern, während Ethel, von Wander- und Wissenslust gepackt, entlegenere, bis an den Rand steil abfallender Felsen führende Wege vorzog, sich bis ins tiefste Dunkel von Zinnbergwerken vorwagte und in den Dörfern immer wieder Halt machte, um sich von den Einheimischen die wildesten Sagen und Legenden des Ortes schildern zu lassen. Mit Violets zaghafter Art hatte sie wenig Geduld und band, wie sie in ihren Memoiren schreibt, eines Tages der Schwester kurzerhand das Hundehalsband um die Taille, damit Dick sie an der Leine ziehen konnte, wenn sie zu müde war, um aus eigenem Antrieb weiterzugehen.

Von allen Ortschaften und Sehenswürdigkeiten, die sie auf ihrer Inseltour erkundete, blieb Ethel typischerweise eine schwer zugängliche, ja gefährliche Meereshöhle am lebhaftesten in Erinnerung. Diese Höhle trägt den Namen Piper's Hole, vielleicht wegen der damals landesüblichen Lehmpfeifen, die aus dem in dieser Höhle gewonnenen Lehm hergestellt wurden, oder, eine romantischere Erklärung, wegen der Sage, wonach manchmal von Feen gespielte Pfeifenmusik aus dem Innern der Höhle zu hören sei. Wie dem auch sei: Piper's Hole liegt auf der nordöstlichen Spitze der Insel Tresco, und weil sie nur bei Ebbe begehbar ist, während man in Flutzeiten in ihrem Innern ertrinken oder zumindest sechs Stunden lang von der Außenwelt abgeschnitten werden könnte, wird heutzutage am Eingang mit einem Schild vor den Gezeiten gewarnt: ›Auf eigene Gefahr!‹

Vor gefährlichen Abenteuern war Ethel Smyth noch nie zurückgeschreckt. Die Erinnerung an Piper's Hole beschrieb sie im Gegenteil als »in Goldpapier eingewickelt«, und der Nachwelt bleibt die Spur von ihrem kostbaren Erlebnis eindrücklichst in einer ihrer wichtigsten Kompositionen erhalten. Die Oper *Strandrecht*, ihre dritte, wurde 1906 in Leipzig in französischer Sprache uraufgeführt, doch eigentlich ist dem Werk erst in den letzten Jahren die Aufmerksamkeit und Schätzung des Publikums zuteil geworden, die ihm gebührt. Noch nachdenklicher stimmt die Tatsache, dass *Strandrecht* in Ethels Heimatland sogar erst 2022 im Rahmen des Glyndebourne Festivals in der Originalfassung zu hören gewesen ist, also mehr als hundert Jahre nach der Entstehung des Werks.

Eine Frau, die Oratorien, Concerti, Messen und Opern schrieb und auch darum kämpfte, dass diese auf die Bühne kamen; eine Frau, die spontan zwei

Jahre lang ihre Musikkarriere auf Eis legte, um für das Frauenstimmrecht zu kämpfen und für die Bewegung auch noch die Hymne *March of the Women* komponierte; eine Frau, die Golf und Tennis spielte, ritt, jagte, Fahrrad fuhr und Berge erkletterte; eine Frau, die im Ersten Weltkrieg an der italienischen Front einen Krankenwagen fuhr, sich als Röntgentechnikerin ausbilden ließ und danach, einer Division der französischen Armee zugeteilt, im Militärspital von Vichy arbeitete; eine Frau schließlich, von der George Bernard Shaw sagen konnte: »Smyths Musik heilte mich für immer vom Irrglauben, dass Frauen keinerlei Männerarbeit leisten können«, und von der Tschaikowsky prophezeite, dass »... sie das Potenzial in sich habe, eine sehr ernsthafte und talentierte Komponistin zu werden.« Ja, wie kommt es, dass diese außergewöhnliche Frau heute immer noch als ›Geheimtipp‹ unter Musikliebhabern, Feministinnen und Kulturhistorikern gilt? Die Antwort darauf ist einfach: Smyth, 1858 in London geboren, hatte das Pech, als Frau auf die Welt zu kommen in einer Zeit, in der Musikerinnen gefälligst klar gesetzte Grenzen ihres kreativen Potenzials zu respektieren hatten und seriöses Komponieren am besten den Männern überließen. Smyth war zwar eine gesunde Portion Selbstvertrauen in die Wiege gelegt worden, auch verfügte sie über gewaltige Energie und Durchsetzungskraft – manche Kritiker zogen das Wort ›Sturheit‹ vor –, dennoch musste sie sich die Anerkennung des Publikums immer wieder neu erkämpfen, und nach ihrem

Tod im Jahre 1944 wurde es ziemlich schnell still um sie.

Noch heute ist Smyths Name selbst in England weitgehend unbekannt, und wer von ihr gehört hat, kennt höchstens ein paar Anekdoten aus ihrem langen, ereignisreichen Leben, womöglich diese, dass sie sich in den 1930er-Jahren – sie war schon siebzig Jahre alt – Hals über Kopf in die über zwanzig Jahre jüngere Virginia Woolf verliebte und diese so vehement umwarb, dass Woolf sich »wie von einem Riesenkrebs gefangen« fühlte. Typischer für die burschikose Komponistin ist aber wohl eine andere weitverbreitete Episode, diesmal aus dem Jahr 1912, als Smyth an der Seite der Geliebten und Frauenrechtlerin Emmeline Pankhurst mit Hunderten von Suffragetten durch London zog, um für das Frauenstimmrecht zu kämpfen, und sich aktiv an der großen ›Fenster-Einschlagen-Aktion‹ beteiligte. Smyth schlug das Fenster des Kolonialsekretariats ein und musste dafür eine mehrwöchige Gefängnisstrafe absitzen. Kleinzukriegen war sie deswegen aber noch lange nicht. Ihr Freund Thomas Beecham vom Londoner Philharmonischen Orchester beschreibt einen Besuch im Gefängnis: »Ich kam im Gefängnishof an und fand die edle Gruppe der Märtyrerinnen (Suffragetten) vor, wie sie dort auf- und abmarschierten und mit Herzenslust ihr Kriegslied *March of the Women* sangen, während die Komponistin wohlwollend aus einem der oberen Fenster zusah und dazu mit bacchantischer Energie den Takt mit einer Zahnbürste schlug.«

Was auch immer man über Ethel Smyth schreibt, so reichhaltig und breit gefächert waren ihre Interessen, Aktionen und Leidenschaften, dass man Bände schreiben müsste, um ihnen einigermaßen gerecht zu werden. Ihre ins Deutsche übersetzten Memoiren *Ein stürmischer Winter. Erinnerungen einer streitbaren, englischen Komponistin* enthalten zwar nur Auszüge aus der neunbändigen englischen Orginalfassung, aber sie geben einen guten Einblick in Leben und Wirken dieser schillernden und jeglicher Konformität abholden Künstlerin.

Cornwall war in Ethel Smyths Leben eines von vielen Urlaubszielen, aber wie im Fall von Woolf und vor allem von Daphne du Maurier fand sie in der wilden Natur und dem Meer dieser Grafschaft eine innere Resonanz, die sie wie kein anderer Ort inspirierte und herausforderte, das Erlebnis in einem großen Werk zu verwirklichen. Der Akzent liegt hier auf groß: Als Komponistin musste Ethel Smyth früh einsehen, dass sie es in einer von Männern dominierten Welt niemandem je würde recht machen können. Schrieb sie brave Lieder, wurde sie belächelt, und wenn sie dem Publikum wuchtige Opern zumutete, empörten sich die Kritiker, dass sie männlichen Kollegen Konkurrenz zu machen wagte. Aber Ethel Smyth war eine Kämpferin, nicht nur für sich selbst und ihre Musik, sondern für alle Frauen der Welt, die mit ihren Beiträgen aus dem Schatten hervortreten wollen. Im Zusammenhang mit ihrer zweiten Oper *Der Wald*, die in London immerhin positiv aufgenommen

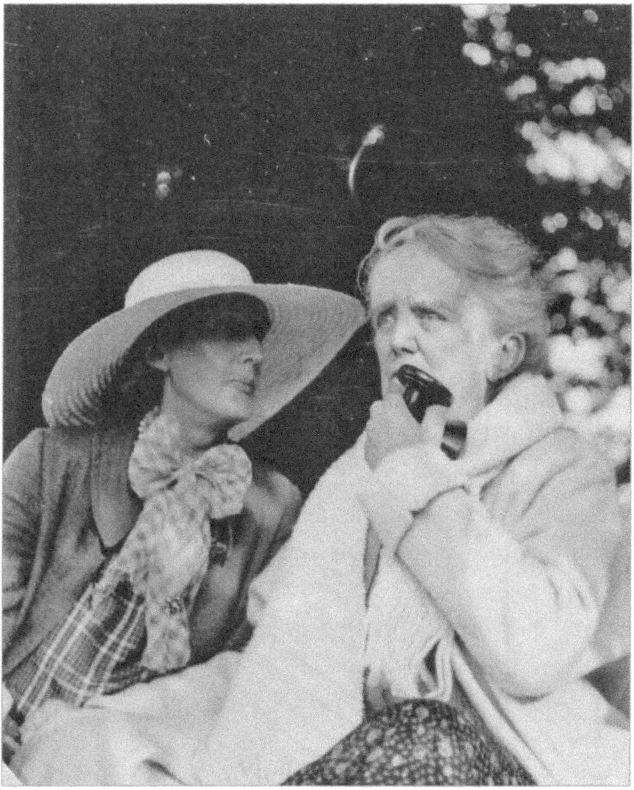

»... wie von einem Riesenkrebs gefangen ...«
Ethel (rechts) mit der von ihr angebeteten
Virginia Woolf

wurde, argumentierte sie in einem Brief von 1902: »Ich fühle, dass ich für *Der Wald* kämpfen muss, weil ich will, dass Frauen ihren Verstand großen und schwierigen Arbeiten zuwenden und nicht einfach nur weiter das Ufer umarmen aus Angst, in See zu stechen.«

Ethel Smyth stach in See, wann und wo immer sie konnte, und Großes auf dem Gebiet der Musik zu leisten war, allen Hürden zum Trotz, ihr unermüdliches Bestreben. Gegen Ende des Ersten Weltkriegs allerdings wurde sie zunehmend taub und wandte sich mehr und mehr dem Schreiben zu. Nebst Hunderten von Briefen und Tagebucheintragungen verfasste Smyth Reisebücher, Biografien, Buchkritiken, Pamphlete über geschlechtliche Gleichberechtigung und Frauenrechte sowie mehrere sehr lebendig gestaltete Bände ihrer Autobiografie; so verblüffend gewandt und originell erwies sie sich als Schriftstellerin, dass sie sogar Lob von Virginia Woolf erntete und Kritiker sich gelegentlich ernsthaft der Frage widmeten, auf welchem Gebiet – dem geschriebenen Wort oder der Musik – Smyth Außergewöhnlicheres geleistet habe.

Mit der Feder besonders begabt zeigte sich Smyth, wenn es darum ging, in wenigen Sätzen Porträts ihrer Zeitgenossen zu zeichnen; sie tat dies mit einer Prise Humor und einem herrlichen Gespür für Situationskomik, oft haarscharf an der Karikatur vorbei. Sachlicher, jedoch mit ebenso großer Begeisterung brachte sie ihren Lesern die Orte nah, die sie auf ihren Reisen auskundschaftete; abgesehen von ihrer Wahlheimat Deutschland bereiste sie Italien, wanderte in Griechenland und ritt auf Kamelen durch die ägyptische Wüste, oder, näher am Zuhause, unternahm Touren durch die Grafschaft Cornwall, für deren Landschaft, Geschichte und Sagenschatz sie gleich bei ihrem ersten Aufenthalt Feuer gefangen hatte.

Noch fünfunddreißig Jahre nach ihrem »in Goldpapier eingewickelten« Abenteuer in Piper's Hole konnte sie sich für die Beschreibung der Höhle bestens auf ihr Gedächtnis verlassen: »Ich ... hatte die faszinierende *Piper's Hole* auf den Scilly-Inseln besucht. Man wird steil nach unten geführt durch einen beängstigend schmaler werdenden Felsengang, den nur in eiserne Wandringe gesteckte Kerzen beleuchten. Dann biegt der Gang scharf ab, und man kann die Wellenbewegungen des Gerölls direkt über seinem Kopf hören, man befindet sich also unter dem Meer! Bis nach einer erneuten Abzweigung das Grollen plötzlich aufhört und man sich zwischen zwei großen Felsen hindurchzwängt, bevor etwas Licht eindringt. Und man einen kleinen, überirdisch schimmernden Süßwassersee wahrnimmt, auf dem ein Fährboot schwimmt, mythisch gemahnend an Charon, und in dem die Lampe des Höhlenführers in ihrem wandernden Strahl die vielen, blinden Goldfische aufblitzen lässt, die Mr. Smith-Dorrien, der Besitzer des kleinen Eilands, in den See setzen ließ.«

Das Höhlenerlebnis markierte für Smyth den Anfang einer Jahrzehnte dauernden Auseinandersetzung mit einer romantischen, wenn auch eher unrühmlichen Seite von Cornwalls Geschichte: dem weitverbreiteten Brauch des Schmuggelns und Plünderns. Smyth saß nach ihrer Rückkehr in London stundenlang in der British Library, um sich über die Geschichte der Scilly Islands zu informieren, und kehrte sechzehn Jahre später, in der Kompositionsphase ihrer Oper *Strandrecht*, mehrmals nach Cornwall zurück, auf der Suche nach persönlichen Geschichten, die sie in ihr Werk einflechten konnte.

Am Knotenpunkt von fünf wichtigen Schifffahrtsrouten gelegen, verdankten die Scilly-Inseln ihre lange Blütezeit vor der Zeit des Tourismus dem Umstand, dass Schiffe hier andockten und die Besatzung den Einheimischen Nahrungsmittel, Bier und Süßwasser für die nächste Etappe abkauften und eventuelle Reparaturen anvertrauten. Insgesamt sechs Leuchttürme warnten damals vor gefährlichen Passierstellen, und doch hat man entlang den Küsten bis heute über tausend Schiffswracks aus verschiedenen Epochen gesichtet. Reich an Höhlen, in denen Beute versteckt werden konnte, boten die Inseln das ideale Terrain für den Schmuggel von Cognac, Tee, Rum und Tabak – Waren, die die Regierung damals mit hohen Zöllen belegte und auf die Schwarzhändler deshalb besonders erpicht waren. Konnten kornische Küstenbewohner europäische Schiffe plündern und deren kostbare Güter entweder selbst oder durch Zwischenhändler zu einem niedrigeren Preis an die lokale Bevölkerung verkaufen, gewannen alle am Geschäft. Ja, selbst die Küstenwache mischte bisweilen mit oder tat zumindest gegen Schmiergeld ein Auge zu. Vom Schmuggeln zum Plündern war es dann nur noch ein kleiner Schritt; erlitten zu wenige Frachter Schiffbruch, half die Bevölkerung mit täuschenden Lichtsignalen oder aber dem Löschen der echten Leuchtturmlichter nach; vorbeifahrende Schiffe liefen auf Riffen auf und kenterten vor der Küste, und statt an Land gebracht zu werden, wurde die Mannschaft von den Inselbewohnern ermordet und ihrer Güter beraubt.

Ethel Smyth faszinierten an diesen Geschichten zum einen die düstere Romantik und zum andern die moralischen Fragen, die eine solche Inselexistenz aufwirft. »Kornische Wilde« nennt sie diese plündernden und mordenden Küstenbewohner und staunt dabei nicht ohne ein Quäntchen Bewunderung, wie skrupellos sie ans Werk gingen und ihre Taten gar mit einer tiefreligiösen Selbstberechtigung zu vereinbaren wussten.

War dies nicht der ideale Stoff für eine Oper, und die wilde kornische Küste nicht die ideale Kulisse dazu?

Das Libretto für *Strandrecht* lieferte Smyths einziger männlicher Geliebter, der frankophile amerikanische Philosoph und Schriftsteller Henry Brewster, mit dem sie nach eigenen Worten die wichtigste Beziehung ihres Lebens hatte. Eines Tages händigte sie ihm alle Notizen aus, die sie im Laufe der Jahre über die Schmuggler angesammelt hatte, und zwar

»… wie man einem Maler eine Palette hinreichen würde mit der Frage, ob er damit das Bild meiner Träume verwirklichen könnte.« Und genau dies gelang Brewster nach einem zweijährigen Briefwechsel zwischen Italien, wo er wohnte, und Deutschland, Frankreich und England, wo Smyth sich zumeist aufhielt. Der Briefwechsel dokumentiert, wie Komponistin und Autor parallel Dialoge und Musik entwickelten und aufkommende Probleme erörterten, zumeist linguistische, die sich aus Smyths mangelhaften Kenntnissen der französischen Sprache ergaben. Was sie auf Englisch als der Musik angepasst empfand, erwies sich in der französischen Übersetzung oft als holprig und entsprechend schwierig zu singen. Dass sie als Engländerin für ihre Oper einen französischen Text wünschte, ergab sich aus ihrem Kalkül, dass das Werk dank ihrer Beziehungen zu französischen Musikern bessere Aufführungschancen haben würde.

Der französische Titel der Oper *Les Naufrageurs* ließe sich als *Die Strandräuber* übersetzen, aber es hat sich im Laufe der Zeit eingebürgert, entweder auf das eher abstrakte, trockene *Strandrecht* zurückzugreifen oder den enger am Originalwort liegenden englischen Titel *The Wreckers* (in etwa: *Die Schiffbruchmacher*) zu benutzen, weil er die Komponente aktiven Verbrechens stärker herausstreicht. In Smyths Oper sind nämlich fast sämtliche Bewohner eines verarmten kornischen Fischerdorfes Schiffbruchmacher; für deren Anführer, den Dorfpriester Pasko, besteht kein moralischer Widerspruch zwischen Gottesfurcht und

Mord und Totschlag, handeln die Dörfler doch aus reiner Not, wenn sie die Schiffe des nachts zu den Felsklippen locken, deren Mannschaften totschlagen und Beute ergattern. Nicht nur seien ihnen die Sünden vergeben, predigt er, sondern sie, die Auserwählten Gottes, sollten stolz auf ihre Überlebenskünste sein. Smyth und Brewster zeigen in der Figur von Pasko, wie leicht die in Cornwall vorherrschende methodistische Doktrin für die Rechtfertigung unchristlichen Handelns verzerrt werden konnte; die Gebrüder Charles und John Wesley, die im 18. Jahrhundert nicht weniger als zweiunddreißig Mal zu Pferd durch Cornwall zogen und Bauern, Fischer und Minenarbeiter mit einer vereinfachten Version der Seelenrettung zu ihrer Lehre bekehrten, ebneten damit den Weg für die Idee, dass alle Mittel zum Zweck des Überlebens und wirtschaftlichen Gedeihens gut seien. Der alte Pasko glaubt dies und feuert seine Folgeschar im ersten Akt der Oper zu einem neuen nächtlichen Überfall an.

Indes wird im Dorf gemunkelt, dass sich unter den Schiffbruchmachern ein Verräter befindet, der nachts heimlich Lichter brennen lässt, um die Schiffe zu warnen. Wie sonst lässt sich das Häufchen glühender Kohlen am Strand erklären, und der Umstand, dass so lange kein Schiff mehr angelaufen ist? Die ausgehungerten Dörfler beginnen einander zu beobachten und zu verdächtigen, und inmitten dieser Atmosphäre steigernder Spannung und dräuenden Sturms bahnt sich für ein Liebestrio der tragische Ausgang an. Paskos junge Gattin Thirza liebt den Fischer Mark, der ihre Liebe zwar erwidert, aber gleichzeitig auch Avis umwirbt, die Tochter des Leuchtturmwärters. Avis erfährt in dieser fatalen Sturmnacht von Marks Untreue und meint sich rächen zu können, indem sie Thirzas Ehemann als Verräter anprangert. Schauplatz des dritten Aktes ist eine große Höhle, in der sich die Schiffbruchmacher zu einem spontanen Dorfgericht versammeln. Es entscheidet, Pasko zum Tod zu verurteilen, doch bevor es so weit kommt, bekennt sich Mark zu seinem ›Verbrechen‹ und Thirza zu ihrer Mithilfe und zu ihrer Liebe für Mark. Obwohl Avis für Mark ein falsches Alibi vorbringt und Pasko seiner Frau Vergebung verspricht, falls sie zu ihm zurückkehrt, wählen Mark und Thirza den gemeinsamen Tod. Das Paar wird angekettet in der Höhle zurückgelassen und wartet auf die todbringende Flut.

Die Hauptelemente dieser romantischen Geschichte lieferte Smyth selber, aber es waren dies eher lose Ideen und Eindrücke von Cornwall, die noch zu einem Plot zusammengeschmiedet werden mussten. Als Smyth Ende 1902 schließlich Brewsters Synopsis zugeschickt bekam, war sie davon mehr als angetan: »Er hatte meine Vision sublimiert«, schreibt sie in ihren Memoiren und fährt gleich fort zu schwärmen für seinen Mut, ihren Wreckers jegliche christliche Moral zu versagen. »Jede dieser Personen *handelt* von ihrem Standpunkt aus *richtig* … So ist das

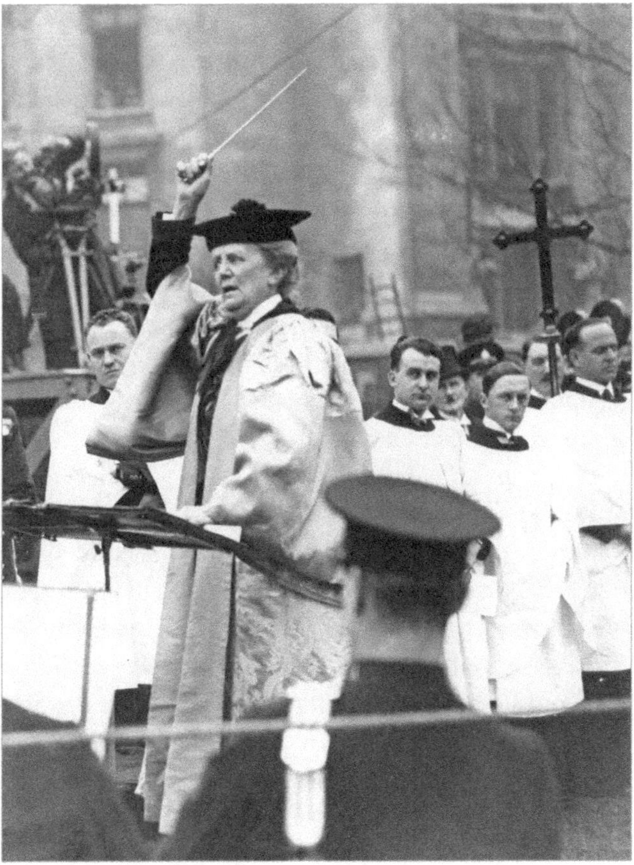

Ethel Smyth dirigiert bei der Enthüllung der Statue für die Frauenrechtlerin Emmeline Pankhurst in den Victoria Tower Gardens am 6.3.1930.

wahre Leben.« Und mehr als entzückt war sie von Brewsters Charakterisierung der jungen Thirza als einer rein aus Liebe handelnden Heldin. Bedenken vonseiten eines französischen Kritikers und Freundes von Brewster, wonach eine derart kompromisslos leidenschaftliche Figur wie Thirza dem englischen Publikum »im Hals stecken bleiben könnte«, schlug Brewster in den Wind mit dem Argument, dass Catherine in Emily Brontës *Sturmhöhe* bestens ›geschluckt‹ worden und Musik ohnehin ein ausgezeichnetes Gleitmittel sei. Smyth fühlte sich jedenfalls geschmeichelt, dass der Kritiker in ihr eine Komponistin sah, die ein für alle Mal mit Heldinnen aufräumen werde, »… die aus Scheuheit, Reinheit und Puderzucker gemacht sind.«

Ansonsten bescherte ihr diese Oper leider mehr Enttäuschung und Ärger als Freude. In deren Entstehungszeit lernte Smyth die betörende und offen lesbische Princesse Edmond de Polignac, geborene Winaretta Singer kennen, die, selbst ausgezeichnete Musikerin und Kunstmalerin, in ihrem Pariser Salon junge und noch wenig bekannte Persönlichkeiten wie Ravel, Satie, Debussy, Fauré und Proust empfing und mit großzügiger finanzieller Unterstützung förderte. Smyth gehörte nicht nur in Geldsachen zu den Begünstigten, doch war ihr Liebesglück mit der amerikanischen Erbin von kurzer Dauer; Winaretta Singer wandte sich bald anderen Frauen zu und Smyth, über Monate untröstlich, goss ihren ganzen Liebesschmerz in die Komposition gefühlsschwerer Arien für ihre Oper. Als sie Jahre später auf die Widrigkeiten zurückschaute, die sie im Zusammenhang mit der Aufführung von *The Wreckers* zu überwinden hatte, meinte sie, dass wohl alles, was in ihrem Leben und Schaffen mit Winaretta zu tun hatte, mit einer Niederlage enden musste. *The Wreckers* wurde zu ihrem Verdruss nicht wie erhofft im Londoner Covent Garden uraufgeführt, und dies mit folgender niederschmetternder Begründung: »Ein neues Werk von einer neuen Komponistin anzukünden, würde einen absolut leeren Saal sichern, und in Zukunft wird keine Oper hier produziert werden, die sich nicht zuvor im Ausland erfolgreich bewährt hat.« Das waren harte und ungerechte Worte, die Smyth umso mehr verletzten, als sie sich bereits mit erfolgreichen Aufführungen bewiesen hatte und deshalb nicht so ohne Weiteres als ›neue‹ Komponistin wollte abwimmeln lassen. Aber der Kampf war von Anfang an verloren; überdies brach noch zwischen dem Dirigenten und der Sopranistin, die die Rolle von Thirza unbedingt singen wollte, Streit aus, der fortan jegliche Zusammenarbeit unmöglich machte. Auch die Opernhäuser von Monte Carlo und Brüssel sagten ab, also blieb Smyth nichts anderes übrig, als sich in Deutschland umzusehen, wo sie noch auf ein paar zuverlässige Kontakte zählen konnte. Dies bedingte allerdings eine überstürzte Übersetzung des Librettos ins Deutsche: »Ein Alptraum«, schreibt Smyth. Vordergründig schien sich dieser Alptraum indessen zu lohnen, denn kaum hatte sie dem Dirigenten und Direktor des

Leipziger Theaters das Libretto unterbreitet, erlebte sie etwas Einmaliges: »Wie den Augenblick im Märchen, wenn der Bann bricht und alle Schwierigkeiten wegschmelzen.« Nicht nur war Arthur Nikisch vom Libretto bezaubert, sondern er unterbreitete Smyth, kaum hatte sie ihm die gesamte Oper vorgespielt, gleich einen Vertrag mit einem Datum für die Uraufführung. An jenem Novemberabend 1906, als es schließlich so weit war, saß sie im Publikum und durfte sich an ihrem überwältigenden Erfolg freuen – sie zählte dreizehn Mal Vorhang. Dennoch empörte sie die Willkür, mit welcher ein neuer, junger Dirigent im dritten Akt unerlaubt Kürzungen vorgenommen hatte, so sehr, dass sie sich am Tag der nächsten Aufführung frühmorgens heimlich in den Musiksaal begab, die herumliegenden Opernpartituren unter den Arm klemmte und damit schnurstracks nach Prag abreiste. Damit ist die leidige Saga der Aufführungsprobleme jedoch nicht beendet; Smyth widmet ihr in den Memoiren viel Raum, und in jeder Zeile ist ihre mehr als verständliche Frustration spürbar.

Der Umstand, dass die Partitur dann noch fast ein Jahrhundert warten musste, bevor sie in gedruckter Form ihren Platz im internationalen Opernrepertoire einnehmen durfte, erschwerte trotz der vielversprechenden Uraufführung die Verbreitung des Werkes, und entsprechend geriet es wie fast alle anderen Werke von Ethel Smyth nach ihrem Tod in Vergessenheit. Die unermüdliche Kämpferin sah dies wohl voraus, fand aber Trost im Wissen, dass der wahre Wert ihres künstlerischen Beitrags mit dessen Rezeption zu Lebzeiten der Schöpferin nichts zu tun hat: »Der Wert meiner Musik wird wahrscheinlich erst dann erkannt werden, wenn nichts von mir übrig ist als Punkte und Linien auf dem Notenpapier ... Wenn der Geist von Freiheit, Unabhängigkeit und Abgeklärtheit das Herz des Künstlers durchströmt und das Rinnsal seines ganz persönlichen Schicksals mit dem Strom menschlicher Erfahrung davongetragen wird, wenn etwas davon in das künstlerische Werk eingeflossen ist, dann war es der Mühe wert. Und sollten die Zuhörer auch nur ein schwaches Echo eines solchen Geistes in meiner Musik wahrnehmen, ob jetzt oder nach meinem Tod, dann bin ich zufrieden ... mehr als zufrieden.«

Smyth musste früh einsehen, dass sie auf dem europäischen Kontinent bessere Chancen hatte, als Komponistin und Musikerin ernst genommen zu werden als in ihrer Heimat. In ihren Werken lassen sich denn die Einflüsse ihrer europäischen Musikausbildung durchaus heraushören, so auch in *The Wreckers*; dennoch sticht gerade diese Oper aus ihrem Œuvre heraus durch ihre starke englische, ja kornische Färbung. Nicht nur findet man in der tragischen Liebesgeschichte von Mark und Thirza deutliche Anklänge an jene von Tristan und Isolde, die sich bekanntlich im kornischen Dorf Tintagel abspielt, sondern die dramatisch laute und wilde Orchestermusik beschwört auch das Tosen und Peitschen des Meeres gegen die gefährlichen Klippen von Cornwalls Küsten, dies vielleicht am eindrücklichsten im Vorspiel zum zweiten Akt, dem heutzutage oft losgelöst von der Oper gespielten *On the Cliffs of Cornwall*. Von ihren Vorbildern Wagner und Tschaikowsky mag sie gelernt haben, wie sich große romantische Gefühle in mitreißende Musik gießen lassen, und auch von Bizet, Brahms und Fauré hört man Andeutungen in ihrem Werk, aber letztlich macht gerade diese eher seltsam anmutende Ansammlung von Einflüssen Smyths künstlerische Einmaligkeit aus. Wem schon konnte das Kunststück gelingen, aus den verschiedensten Musikstilen ihrer Zeit einen neuen zukunftsweisenden Klang zu entwickeln, wenn nicht der Frau, die Virginia Woolf mit unverhohlener Bewunderung als Felsensprengerin, Brückenbauerin und Wegbereiterin gelobt hat?

Ethel Smyth wurde 1922 für ihre Dienste an der Musik geadelt, erhielt vier Jahre später die Ehrendoktorwürde für Musik in Oxford und wurde 1934 zu ihrem fünfundsiebzigsten Geburtstag mit der Aufführung einer Auswahl ihrer Werke in der Londoner Royal Albert Hall geehrt. Diese Highlights können indessen nicht über die Tatsache hinwegtäuschen, dass Smyth, 1944 in Woking gestorben, erst im 21. Jahrhundert die ihr gebührende Aufmerksamkeit erfährt und als eine der wichtigsten Komponistinnen des 20. Jahrhunderts mit Aufführungen ihrer Werke auf internationalen Bühnen einem breiteren Publikum zugänglich gemacht wird.

Geben wir hier abschließend das Wort an den Dirigenten und Direktor des Deutschen Symphonie-Orchesters Robin Ticciati, der 2022 Smyths *Strandrecht* in Berlin zur Aufführung brachte und in einem Interview deren unnachahmliche Musik zu charakterisieren versucht: »Die Musik von Ethel Smyth trägt das Herz auf der Zunge, mit starkem Einfluss von der zentraleuropäischen [Seite], also der deutschen, Leipziger – hinsichtlich der Harmonien ... naja, und hier wird's schwierig. Denn Sie können auch ein Fauré-Lied am Ende des ersten Akts hören, und es gibt auch ein Brahms-Intermezzo ... Man denkt immer wieder, wo kommt das denn her? Wessen Einfluss ist das? Und dann versteht man: das ist Ethel! Das ist ihr Stil! Mit dem Herz auf der Zunge. Wie sie für die Schlaginstrumente schreibt, wunderbar für die Bläser, technisch ist es sehr herausfordernd! Sie lässt das Orchester zeigen, was es kann.«

Ausgewählte Bibliografie

Daphne du Maurier

Forster, Margaret, Daphne du Maurier. London 2007

Taylor, Helen (Hrsg.), The Daphne du Maurier Companion. London 2007

Malet, Oriel (Hrsg.), Daphne du Maurier, Letters from Menabilly. Portrait of a Friendship. London 1993

Werke von Daphne du Maurier

Jamaica Inn. Berlin 2020

Rebecca. Berlin 2016

Die Bucht des Franzosen. Berlin 2021

Meine Cousine Rachel. Berlin 2017

Cornwall-Saga. Roman einer Landschaft. Zürich 1984

Die Vögel und Wenn die Gondeln Trauer tragen. Berlin 2018

Myself When Young. London 2004

The Rebecca Notebooks and Other Memories. London 1982

Zauberhaftes Cornwall. Frankfurt a.M. 1914

Barbara Hepworth

Bowness, Sophie, Barbara Hepworth. The Sculptor in Her Studio. London 2017

Clayton, Eleanor, Barbara Hepworth. Art & Life. London 2021

Festing, Sally, Barbara Hepworth: A Life of Forms.London 1995

Gale, Matthew und Chris Stephens, Barbara Hepworth: Works in the Tate Gallery Collection and the Barbara Hepworth Museum St. Ives. London 1999

Hammacher, A. M., Barbara Hepworth. London 2018

Hepworth, Barbara, Writings and Conversations. Edited by Sophie Bowness. London 2017

Hepworth, Barbara, Ausstellungskatalog im Musée Rodin. Paris 2019

Read, Herbert, Carvings by Barbara Hepworth, Paintings by Ben Nicholson Ausstellungskatalog, London 1923

Shepherd, Michael, Barbara Hepworth. London 1963

Wilkinson, Alan, The Drawings of Barbara Hepworth. London 2015

Virginia Woolf

Goldstein, Bill, The World Broke in Two: Virginia Woolf, T.S. Eliot, D.H. Lawrence, E.M. Forster and the Year That Changed Literature. London 2018

Gordon, Lyndall, Virginia Woolf, A Writer's Life, New York 2014

Lee, Hermione, Virginia Woolf. Ein Leben. Frankfurt a.M. 1999

Spalding, Frances, Virginia Woolf. Leben, Kunst & Visionen. München 2016

Woolf, Leonard, Mein Leben mit Virginia. Erinnerungen. Frankfurt a.M. 2003

Werke von Virginia Woolf

Augenblicke (Skizze der Vergangenheit). Skizzierte Erinnerungen. Stuttgart 1981

Die Fahrt hinaus. Frankfurt a.M. 1991

Die Wellen. Frankfurt a.M. 1994

Jacobs Zimmer. Frankfurt a.M. 2000

Zum Leuchtturm. Frankfurt a.M. 1993

Briefe, 1 und 2. Frankfurt a.M. 2006

Tagebücher, 1–4. Frankfurt a.M. 1990, 1994, 1999, 2003

Ethel Smyth

Anderson, Gwen, Ethel Smyth. London 1997

Bartsch, Cornelia, Rebecca Grotjahn und Melanie Unseld, Felsensprengerin, Brückenbauerin, Wegbereiterin. Die Komponistin Ethel Smyth. München 2009

Broad, Leah, Quartet: How Four Women Changed the Musical World. London 2023

Collis, Louise, Impetuous Heart: Story of Ethel Smyth, London 1985

Kertesz, Elizabeth, Issues on the Critical Reception of Ethel Smyth's Mass and Four Operas in England and Germany. Dissertation an der Universität von Melbourne 2000

St. John, Christopher, Ethel Smyth: A Biography. London 1959

Werke von Ethel Smyth

Paukenschläge aus dem Paradies. Erinnerungen, hrsg. und übersetzt von Heddi Feilhauer. Berlin 2023

Beecham and Pharaoh, London 1935

Female Pipings in Eden, London 1934

The Memoirs. London 1987

Zum Weiterlesen

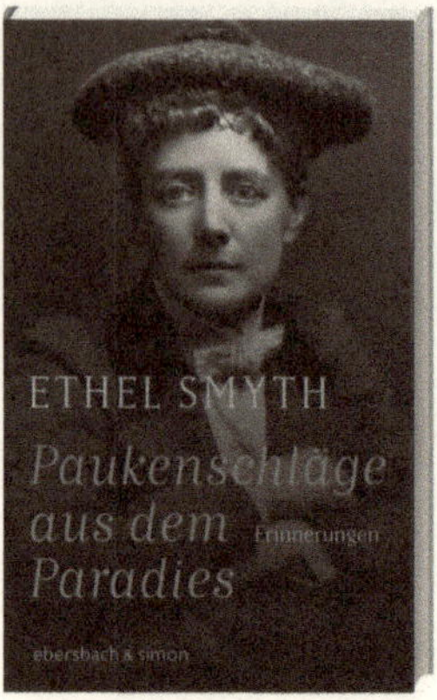

Ethel Smyth

Paukenschläge aus dem Paradies

Erinnerungen

Hrsg. und aus dem Englischen übersetzt von Heddi Feilhauer
240 Seiten, gebunden mit SU
ISBN 978-3-86915-286-8

Komponistin, Pionierin, Freigeist und Frauenrechtlerin – Ethel Smyth hatte viele Gesichter. Mit wilder Entschlossenheit überwand sie alle gesellschaftlichen Hürden auf dem Weg zur professionellen Komponistin. Sie verkehrte mit Clara Schumann, Edvard Grieg und Johannes Brahms, war offen lesbisch, eng befreundet mit Emmeline Pankhurst und Virginia Woolf und komponierte die Suffragetten-Hymne *The March of the Women*. In ihren Erinnerungen lässt sie ihr außergewöhnliches Leben mit viel Witz, Charme und Selbstironie Revue passieren.

Zum Weiterlesen

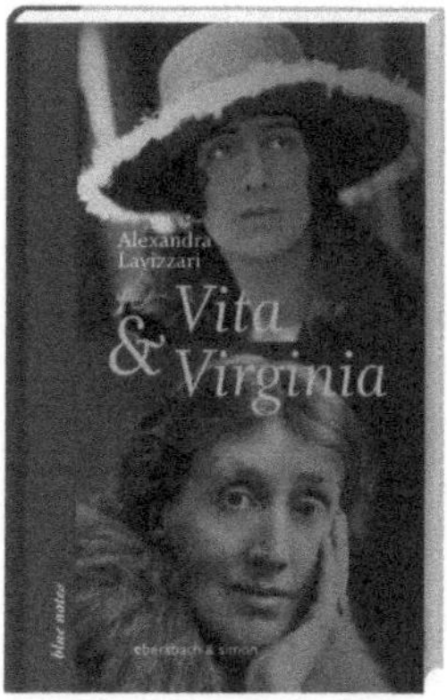

Alexandra Lavizzari

Vita & Virgina

blue notes 100, 144 Seiten
Abb., Halbleinen
Fadenheftung
ISBN 978-3-86915-259-2

Dezember 1922: Virginia Woolf und Vita Sackville-West treffen sich auf einer Dinner-Party in Bloomsbury – eine folgenschwere Begegnung und der Beginn einer leidenschaftlichen Liebe, die vielfältige Spuren in der Weltliteratur hinterlassen hat. Alexandra Lavizzari nähert sich dieser legendären Beziehung anhand von Virginia Woolfs meisterhaftem Roman »Orlando«, dem wohl längsten Liebesbrief der Literaturgeschichte.

– www.ebersbach-simon.de –

Bildnachweis

akg images/TT News Agency: S. 131; George Charles Beresford/wikimedia commons: S. 81; Interfoto/Brown: S. 53; Interfoto/Granger, NYC: S. 106; Interfoto/National Portrait Gallery: S. 75; mauritius images/Pictorial Press Ltd./Alamy/Alamy Stock Photos: S. 56; Pictorial Press Ltd./Alamy Stock Photo: S. 116; picture alliance/brandstaetter images/Austrian Archives (S): S. 63; picture alliance/Illustrated London News Ltd/ | Illustrated London News Ltd/Mary Evans: S. 33; picture alliance/Mary Evans Picture Library | Illustrated London News Ltd: S. 48; Royal Watercolour Society: S. 6; The Houghton Library, Harvard: S. 88, S. 113, S. 123; ullstein bild – ullstein bild: S. 26.

1. Auflage 2024

Umschlaggestaltung: Lisa Neuhalfen, moretypes, Berlin
Covermotiv: Laura Knight, *The Cornish Coast*, 1917 National Museums & Galleries of Wales/

Satz: Birgit Cirksena · Satzfein, Berlin
Druck und Bindung: GGP Media GmbH, Pößneck
ISBN 978-3-86915-295-0

www.ebersbach-simon.de

Gedruckt auf Papier aus nachhaltiger Forstwirtschaft
Printed in Germany

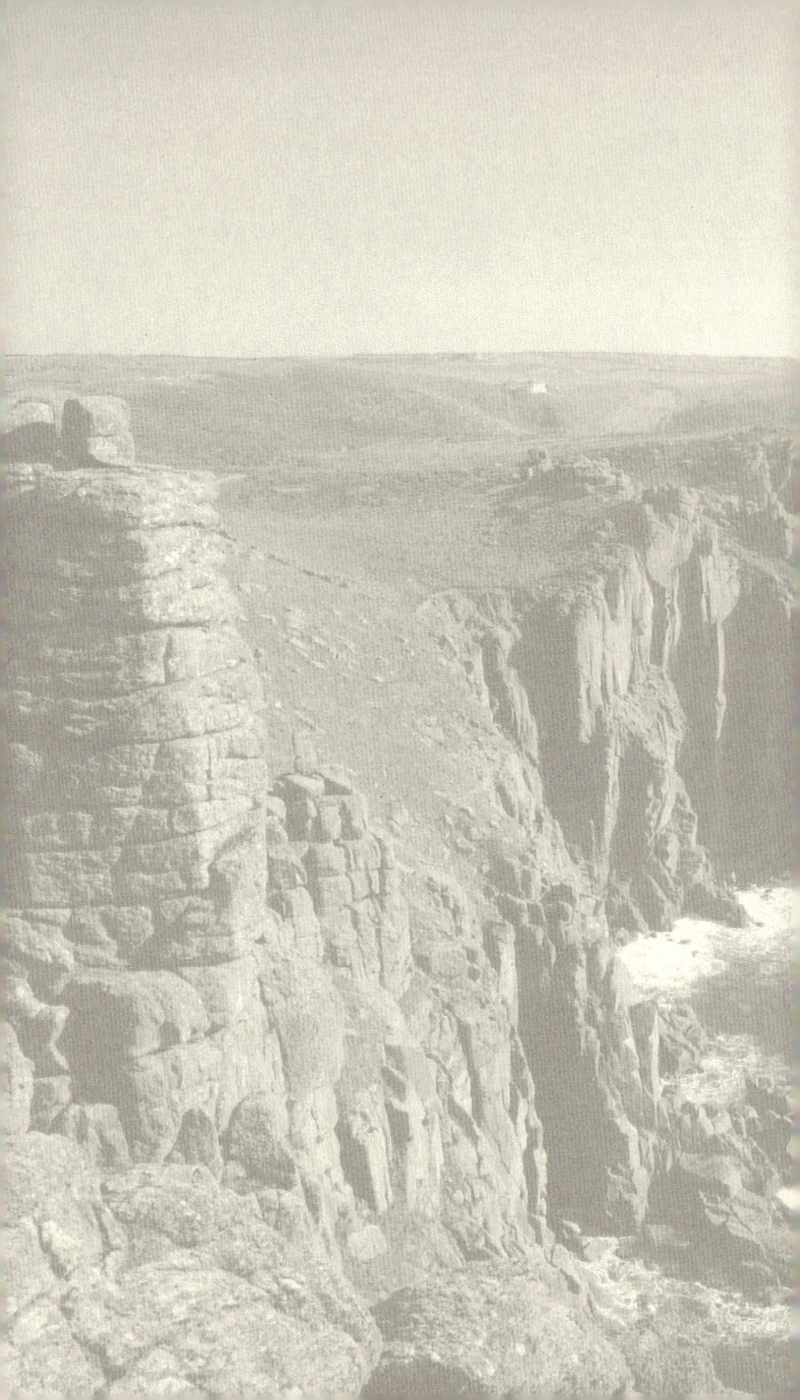